5

DESARROLLO PERSONAL DEL PROFESORADO

COMUNICACIÓN EFECTIVA EN EL AULA

Técnicas de expresión oral para docentes

Glòria Sanz Pinyol

GRAÓ

Colección Desarrollo personal del profesorado
Director de la colección: Gregorio Casamayor Pérez.
Miembro de los Consejos de Redacción de las revistas *Guix* y *Aula*.

C/ Hurtado, 29. 08022 Barcelona
www.grao.com

1.ª edición: octubre 2005
6.ª reimpresión: octubre 2018
ISBN: 978-84-7827-399-7
D.L.: B-44.276-2008

Diseño de la colección: Maria Tortajada
Impresión: Podiprint
Impresión bajo demanda para España y Latinoamérica

ÍNDICE

Índice de cuadros

Índice de actividades

PRESENTACIÓN

La buena expresión oral se considera una habilidad necesaria para el desarrollo de algunas profesiones y también de algunas actividades relacionadas con responsabilidades políticas o cargos directivos en grandes empresas. La profesión docente debería considerarse de manera similar y, sin duda, los consejos que son útiles para cualquier persona que debe pronunciar discursos ante un grupo lo son también para cualquier profesor o profesora. Sin embargo, la mayoría de los docentes no reciben formación específica en comunicación oral y sólo recientemente han aparecido propuestas de este tipo en los planes de formación permanente del profesorado.

El docente tiene ante sí un gran reto: gestionar la clase como espacio de comunicación y de relación con unos objetivos pedagógicos determinados. De sus habilidades comunicativas depende el éxito de su tarea, que consiste no sólo en transmitir una amplia variedad de mensajes en el aula sino, sobre todo, en crear situaciones que faciliten el aprendizaje. Lejos de dar por supuesta una buena expresión oral en la profesión docente, creemos que el conocimiento y la práctica de recursos de eficacia comunicativa verbales y no verbales son imprescindibles para el buen desarrollo de la actividad profesional.

Los conocimientos útiles para nuestro objetivo provienen de distintas áreas de estudio, como la retórica clásica, la lingüística, la teoría de la comunicación, la psicología cognitiva o la dinámica de grupos, aunque nuestra intención es enfocarlos de manera ecléctica hacia objetivos muy pragmáticos, como pueden ser la buena gestión de las actividades de aprendizaje o la máxima comprensibilidad del discurso oral. De manera sintética, podemos definir el contenido de este manual como una introducción a la oratoria para docentes, que aporta ideas y recursos para continuar de manera autónoma la mejora de las propias habilidades comunicativas orales. Dos grandes líneas de objetivos inspiran el contenido del libro:

- Conocer las condiciones que favorecen la comunicación oral eficaz.
- Aplicar recursos prácticos para mejorar las propias habilidades comunicativas.

Ahora bien, sólo con una práctica activa y reflexiva de los recursos que expone el libro el lector o lectora podrá comprobar sus avances y disfrutar de las inmensas ventajas que implica tener un buen dominio de las habilidades comunicativas.

Nos centraremos sobre todo en la comunicación en el aula con la intención de poner ciertos límites al contenido, ya que dedicarnos a todas las interacciones de la vida profesional docente convertiría el objeto del libro en algo demasiado amplio. No obstante, creemos que las ideas desarrolladas para mejorar la comunicación con los alumnos son también útiles para otros ámbitos. Sin duda, muchos de los consejos para mejorar la comunicación en clase son aplicables a una intervención en una reunión de padres y madres, o las habilidades para mantener un diálogo con un alumno son muy parecidas a las que necesitamos para negociar un acuerdo en una reunión de departamento.

El docente como orador 1

EN ESTE CAPÍTULO:

Le invitamos a reflexionar sobre la importancia de las habilidades comunicativas no sólo como instrumento de trabajo, sino también de desarrollo personal y relación social. También podrá comprobar que, además de conocimientos y técnicas, mejorar las habilidades comunicativas requiere ciertas actitudes que facilitan la relación con los interlocutores.

INTRODUCCIÓN

Cualquier docente recuerda los temores y la inseguridad de sus primeras clases y, seguramente, nos comentaría que no era el contenido aquello que más le preocupaba. También, como alumnos o alumnas, recordamos que era un placer escuchar a algunos profesores o que se hacían monótonas las clases de otros, independientemente de sus conocimientos de la materia o de su prestigio como especialistas.

Un profesional de la enseñanza necesita ser un buen orador y un buen conversador. De sus habilidades de comunicación oral depende en gran parte la eficacia de su acción en el aula, tanto en la transmisión de conocimientos como en la coordinación de las interacciones entre los miembros del grupo y, en consecuencia, en la creación del clima adecuado para el aprendizaje. El dominio de la comunicación oral es una necesidad ineludible en la tarea docente.

Es un error pensar que las capacidades necesarias para hablar ante un grupo son una virtud innata o una característica inherente en algunas personas privilegiadas, que quizás han llegado a dedicarse a la docencia por vocación. Cualquier persona tiene capacidades para hablar en público y esas capacidades pueden desarrollarse con conocimientos, técnicas, recursos y práctica.

La competencia comunicativa necesaria para expresarse oralmente con eficacia ante un grupo es la suma de diferentes habilidades que incluyen, entre otras estrategias, analizar el contexto de comunicación para adecuar el discurso a cada situación, controlar la expresión corporal no verbal, utilizar recursos para captar y mantener la atención del grupo, estructurar el mensaje y usar un modelo de lengua correcto y apropiado. Si bien es cierto que muchas profesiones requieren una buena comunicación oral, en el caso de los docentes es especialmente significativo constatar que la acción de construir un buen discurso oral para transmitir contenidos y relacionarse con los alumnos con el fin de favorecer y evaluar sus aprendizajes puede considerarse una síntesis de su principal tarea profesional.

INTELIGENCIA COMUNICATIVA

Las habilidades comunicativas tienen un lugar muy importante en el innovador concepto de inteligencia emocional, desarrollado sobre todo por Gardner y Goleman, que las consideran determinantes tanto para el desarrollo personal como para la relación social. De las ocho inteligencias múltiples definidas por Howard Gardner, cuatro tienen relación directa con las habilidades comunicativas, incluso una de ellas recibe el nombre de *inteligencia lingüística*. El cuadro 1 las caracteriza brevemente.

Sin duda, las habilidades y las estrategias descritas son componentes imprescindibles de ciertos perfiles profesionales en los que el discurso oral y la relación cooperativa con los demás juegan un papel decisivo en la consecución de objetivos. Además, en cualquier discurso, el emisor transmite información sobre sí mismo como persona y como profesional, información que, por extensión, transmite parte de la imagen de la institución para la cual trabaja. Y en la actividad docente no sólo la realización de los objetivos disciplinares o la transmisión de la buena imagen profesional justifica la necesidad de ofrecer una buena comunicación oral. Hay que tener en cuenta, además, que el discurso del profesor o de la profesora en el aula constituye siempre un modelo para los alumnos, no sólo de conocimiento y uso de la lengua, sino también de habilidades comunicativas en un sentido amplio, que incluyen las actitudes implicadas en la relación con el grupo y con la sociedad en general.

Cuadro 1. Inteligencias relacionadas con las habilidades comunicativas

INTELIGENCIA INTRAPERSONAL	Nos permite entendernos a nosotros mismos. Es la capacidad de construir una percepción precisa respecto de sí mismo y de organizar y dirigir la propia vida en coherencia con las propias emociones. Incluye la autodisciplina, la autocomprensión y la autoestima. Suele relacionarse con profesionales como filósofos y psicólogos.
INTELIGENCIA INTERPERSONAL	Es la capacidad que nos permite entender a los demás e interactuar con ellos. Sirve para disfrutar de las amistades y de las relaciones familiares, para trabajar en equipo y solucionar con eficacia los conflictos interpersonales. Incluye la sensibilidad ante expresiones faciales, la voz, los gestos y posturas y la habilidad para responder ante una persona en una situación determinada. Presente en actores, políticos, buenos vendedores, docentes exitosos y terapeutas, entre otros.
INTELIGENCIA CORPORAL	Llamada también *cinestésica*, es la capacidad de utilizar el propio cuerpo para expresar ideas y sentimientos, jugar, realizar actividades o resolver problemas. Es la inteligencia de los deportistas, los artesanos, los cirujanos y los bailarines. Incluye habilidades motrices y manuales, así como el uso de instrumentos para transformar elementos, coordinación, destreza, equilibrio, flexibilidad, fuerza y velocidad.
INTELIGENCIA LINGÜÍSTICA	Es la capacidad de usar las palabras de manera efectiva, en forma oral o escrita. Incluye la fluidez verbal y el dominio de la sintaxis, la fonética, la semántica y los usos pragmáticos del lenguaje (retórica, mnemotecnia, recursos de explicación y uso del metalenguaje). Es la que destaca en los buenos redactores y muchos oradores. Utiliza ambos hemisferios cerebrales.

Finalmente, cabe destacar que el contexto profesional docente no está constituido sólo por el trabajo en el aula y la actividad tutorial. Reuniones de departamento o de claustro, entrevistas con padres y madres o relaciones con instituciones del barrio o ciudad son sólo algunos ejemplos de la intensa actividad comunicativa de profesores y profesoras.

ACTIVIDAD 1 ¿Es usted una persona comunicadora?

Responda el cuestionario y compruebe después su valoración de acuerdo con la suma resultante.

1. Falso; **2.** Bastante cierto; **3.** Cierto.

	AFIRMACIÓN	PUNTUACIÓN
1	Mi trabajo no tiene relación directa con la retórica: no doy conferencias, no soy candidato a un cargo político ni vendo productos.	
2	Evito cualquier ocasión de hablar en público.	
3	Cuando no he tenido más remedio que intervenir en público, he leído un discurso escrito previamente.	
4	Intervengo poco en las reuniones, porque me gusta pasar inadvertido/a.	
5	Sólo asisto a una reunión cuando es estrictamente necesario.	
6	En una reunión me molestan las personas que dan vueltas a los temas, les cuesta decidirse y hacen perder tiempo a los demás.	• • •

	AFIRMACIÓN	PUNTUACIÓN
7	Si en un servicio público no me atienden bien, me enfado, pero prefiero callar y marcharme cuanto antes.	
8	Cuando hago una exposición en clase, las preguntas de los alumnos me distraen mucho y puedo perder el hilo.	
9	En las entrevistas con un padre o una madre, procuro hablar mucho, para que no acaben explicándome su vida.	
10	En mis entrevistas con un padre o una madre tengo siempre conversaciones amenas y cordiales. Les dejo hablar y acabamos en los cerros de Úbeda.	
	TOTAL	

Valoración:

- *10-15*: Usted es una persona muy comunicadora y puede mejorar sus habilidades con práctica y reflexión.
- *16-20*: Debe mejorar sus habilidades de comunicación. No renuncie a las oportunidades de comunicarse ante un grupo de personas.
- *21-30*: Hay algunos obstáculos que debe superar para poner en práctica sus capacidades de comunicación.

Las afirmaciones del cuestionario están relacionadas con situaciones de inhibición de la comunicación o de ineficacia comunicativa. Cuanto más alta sea la puntuación obtenida, más se aleja de las actitudes que favorecen la comunicación eficaz. Un docente buen comunicador es consciente de la importancia de la expresión oral como instrumento de trabajo y de relación social, participa en reuniones sin sentirse observado ni evaluado, es decir, se concentra en el mensaje, confía en las relaciones cooperativas, escucha a los demás y adapta sus intervenciones al público, ve las objeciones como una oportunidad de comprobar si los demás comprenden sus explicaciones y gestiona sus conversaciones profesionales para que resulten cordiales y efectivas a la vez.

LA MEJORA DE LAS HABILIDADES COMUNICATIVAS

¿Qué podemos hacer para que nuestro discurso resulte interesante para nuestros alumnos y alumnas? ¿Qué consejos son útiles para intervenir en una reunión? ¿Cómo podemos mantener una relación cordial con un alumno conflictivo y a la vez con sus padres, que han acudido a nosotros en busca de ayuda?

Mejorar las habilidades comunicativas orales no es una tarea difícil, ahora bien, es una tarea compleja, porque deberemos tener en cuenta una multiplicidad de factores, variados y complementarios, que ayudan a configurar el discurso adecuado, coherente, correcto y efectivo. Hay tres acciones básicas que resultan –a medio y largo plazo– muy útiles para mejorar las habilidades comunicativas: *observar*, *planificar* y *practicar*.

ACTIVIDAD 2 ¿Hablar en público le supone un esfuerzo demasiado grande?

Le invitamos a responder el siguiente cuestionario sobre la habilidad de hablar ante un grupo.

1. ¿Le impresiona tener que hablar en público?
   a. Mucho.
   b. Un poco.
   c. Sólo en algunas ocasiones.
   d. En absoluto.

• • •

2. ¿Recuerda el hecho de hablar ante un grupo como una de las dificultades de sus primeras clases?
   a. No.
   b. Prefiero mantener mis primeras clases en el olvido.
   c. Sí, al principio me faltaba seguridad.
   d. Vagamente.

3. ¿Cree que la habilidad de hablar en público es...?
   a. Un talento innato en algunas personas privilegiadas.
   b. Una característica del carácter o la personalidad de algunas personas.
   c. Una necesidad para cualquier persona.
   d. Una habilidad necesaria en ciertas profesiones.

4. ¿Cómo suele impartir sus clases?
   a. Sentado en la mesa y de pie en la pizarra.
   b. De pie ante el grupo.
   c. Dando vueltas por la clase.
   d. Todo lo anterior en una misma sesión.

5. ¿Cómo valora su capacidad de improvisación?
   a. Es excelente.
   b. Buena, cuando domino el tema.
   c. A veces me ha fallado.
   d. Nunca confío en ella.

A continuación indicamos las respuestas que consideramos más justificadas en un profesor o profesora con buenas aptitudes para la expresión oral y su mejora constante.

- *Preguntas 1, 2, y 3*: respuesta *c.*
- *Preguntas 4 y 5*: respuesta *d.*

• • •

Justificación:

- *Pregunta 1*: respuesta *c*. Es lógico que una situación de comunicación ante un grupo nos produzca nervios y cierta inseguridad. Es más, cierta tensión es necesaria para poder analizar la situación y concentrarse en el contenido y los objetivos del discurso. Ahora bien, hay que evitar que la tensión que nos produce la situación llegue a bloquearnos o transmita tensión a los oyentes; eso es todo. Pensemos que una persona excesivamente tranquila puede producir en el público la sensación de no dar importancia a la ocasión y de hablar con desgana, de divagar.
- *Pregunta 2*: respuesta *c*. Recordar la inseguridad inicial y comprobar cómo ha ido adquiriendo confianza es un buen indicio de que aprovecha la práctica para mejorar.
- *Pregunta 3*: respuesta *c*. Aunque la buena expresión oral es imprescindible en muchas profesiones, cualquier persona debería poder tomar la palabra con tranquilidad en una actividad social o cultural en que tenga la oportunidad de pedir información, manifestar su opinión o reivindicar sus derechos.
- *Pregunta 5*: respuesta *d*. Una regla básica de buenos oradores es no improvisar nunca. A veces tendrá que hacerlo, pero no es lo mismo improvisar una clase entera que una respuesta breve a una pregunta inesperada.

Observar

La observación constituye una fuente valiosa de información que facilita la evaluación, la toma de decisiones y la mejora constante.

En primer lugar, es necesario *conocer al máximo los componentes de nuestra actividad docente* como situación de comunicación:

- Público destinatario (cómo son nuestros alumnos, qué conocimientos y qué intereses tienen, cómo se expresan...).

- Lugar (qué condiciones reúne el aula donde se impartirán las clases, posibilidades de distribución del mobiliario, posibilidad de usar medios audiovisuales...).
- La materia, los objetivos didácticos y la metodología más adecuada.

Después, una vez iniciadas las sesiones, es imprescindible ***mantener una actitud observadora*** respecto a las reacciones de los alumnos y a la consecución de nuestros objetivos de comunicación. Descubriremos que comprenden mejor unos mensajes que otros, que su capacidad de atención tiene un límite, que nuestra actitud influye en la cantidad y la calidad de sus participaciones, etc.

Además, en cualquier momento de nuestra vida privada y profesional, nos será también muy útil ***observar a otras personas hablando en público***. Un buen consejo es prestar mucha atención al estilo y a los recursos que emplean los oradores que nos gustan: cómo captan nuestra atención, cómo hilvanan las ideas en su intervención, cómo se mueven... No hay una sola manera de hablar bien, pero seguro que aquellos estilos que nos resulten más atractivos serán también los que podremos seguir con más comodidad.

Finalmente, nos será también muy útil ***observar nuestras propias intervenciones***, para poner en práctica recursos, valorar el éxito que conseguimos con ellos, analizar nuestros fallos... Puede invitar a sus alumnos a opinar sobre sus explicaciones, aprovechar la posibilidad de grabar una clase en vídeo para observarse después o solicitar a un compañero que opine sobre alguna intervención suya en una reunión de departamento.

Éstos son sólo algunos ejemplos de actividades que nos ayudan a sacar provecho de nuestros puntos fuertes y a dedicarnos a nuestros aspectos mejorables para progresar de una manera paulatina en nuestro dominio de la expresión oral.

Planificar

Desde la época clásica, la oratoria se ha basado en un sencillo principio: tan importante como las ideas es la forma en que se expresan. Por ello, es tan decisivo seleccionar la cantidad de información como decidir ciertos aspectos como el orden de exposición, el modelo de lengua (adecuación) o los recursos estilísticos que usaremos para captar la atención de los oyentes y facilitar la comprensión del mensaje.

No podemos confiar en la improvisación. Cualquier comunicación en el ámbito profesional requiere una cierta planificación. De la misma manera que un curso tiene un calendario y un programa de objetivos, contenidos y actividades, es recomendable preparar con antelación los mensajes que transmitiremos en nuestras clases.

Dicen que la mejor improvisación es aquella que se tiene muy bien preparada. En una frase que se hizo famosa, el actor Jerry Lewis decía: «Me costó siete horas preparar mi mejor improvisación». De ella deducimos un consejo: ***no hay que improvisar nunca.*** Sin duda, pueden surgir también situaciones imprevistas que requerirán un discurso espontáneo.

Vale la pena tener en cuenta que llevar bien preparado aquello que era previsible nos permite siempre resolver con más energía y concentración cualquier imprevisto.

En un viaje al desierto del Sahara tuve una experiencia muy interesante. Recibimos la visita de un grupo de bereberes que, con la excusa de pasar una velada agradable, se ofreció a contarnos historias de su cultura y responder a nuestras preguntas. El mayor, un hombre

que había pasado toda su vida en trashumancia y recientemente se había retirado al pueblecito donde pasábamos unos días, llamó enormemente mi atención. Cada vez que le hacíamos una pregunta, pedía –sonriendo– un minuto para pensar. Y, ciertamente, cada vez agotaba ese minuto pensando y mirando con calma a todos y cada uno de los miembros del grupo para después deleitarnos con maravillosas respuestas.
Desafortunadamente, en nuestra cultura es muy extraño el hábito de mirarse en silencio que permite, sin duda, pensar antes de hablar.

Practicar

En algunas culturas es muy habitual hablar en público. En las bodas que se celebran en Gran Bretaña es habitual que una amistad del novio haga un discurso ante los invitados en el que, generalmente, habla de su amigo y avisa a la novia de los posibles peligros de convivir con él. En muchos países sería impensable celebrar, por ejemplo, una cena de despedida a una compañera de trabajo que cambia de empresa o de ciudad y no aprovechar la hora del postre para dirigirle unas palabras con un brindis de buena suerte.

En cambio, he podido comprobar que en nuestro país muchas cenas de ese tipo acaban con un «Buenas noches y hasta mañana». Parece que el hecho de hablar en público no forma parte de nuestras tradiciones cotidianas y todavía se percibe como un acto reservado a ocasiones excepcionales, impregnadas de excesiva solemnidad.

Sin duda, el hecho de hablar en público debería formar parte de la vida cotidiana en una sociedad democrática en que los ciudadanos asisten con cierta frecuencia a una reunión de vecinos, una asamblea sindical o un pleno del ayuntamiento.

Afrontar un breve parlamento ante un grupo con naturalidad y concebir la ocasión como una oportunidad de ensayar y de mejorar, nos conducirá siempre a resultados satisfactorios que, a largo plazo, abrirán muchas puertas en nuestro camino personal y profesional.

La práctica es un requisito ineludible para conseguir un buen dominio de la expresión oral frente a un grupo. De nada nos serviría leer un buen número de manuales de oratoria o conocer un montón de trucos y recetas, si no tuviéramos ocasión de aplicarlos en situaciones concretas.

Si queremos conseguir seguridad y fluidez en nuestras intervenciones orales, no debemos rechazar nunca una oportunidad de hablar en público. Participar en reuniones de trabajo, intervenir en coloquios o debates, presentar una comunicación en un congreso o hacer un pequeño discurso en un encuentro familiar son actividades que nos ayudarán a adquirir confianza en nuestra capacidad de comunicación y a mantener en forma todas las habilidades implicadas en la buena comunicación oral formal.

El aula es un entorno privilegiado para la práctica de la expresión oral. No sólo nos ofrece oportunidades de planificar intervenciones según el orden que consideremos adecuado o experimentar recursos visuales y estilísticos, sino que también nos permite comprobar el éxito de nuestros ensayos y nos ofrece oportunidades para introducir correcciones y mejoras.

ACTIVIDAD 3 ¡Un fracaso de intervención!

Intente recordar la primera vez que habló en público o bien una intervención en público que hizo en alguna ocasión y que considera un fracaso total. Resuma la situación en un máximo de diez líneas.

Autoevaluación:
Probablemente, en su primera intervención en público tuvo algunas dificultades; si no fuera así, seguramente habría olvidado los detalles necesarios para relatarla por escrito.

Si ha relatado una situación en que hizo una intervención en público que no le dejó satisfecho, probablemente ha escrito en su relato alguna o algunas frases que demuestran que no tenía suficiente información sobre la situación comunicativa, es decir, faltó planificación y algunos factores importantes no estaban bajo su control.

Veamos algunos ejemplos de ese tipo de manifestaciones:

- Me empujaron al escenario para que diera las gracias por el premio.
- No me avisaron de que tendría que presentar el acto.
- No sabía que habría tanta gente.
- No conocía el lugar.
- Era la primera vez que veía a esa gente.
- Preparé una intervención de dos horas y me dijeron que sólo tendría media hora.
- Había preparado transparencias y no funcionaba el proyector.

Recuerde: cuantos más elementos conozca de la situación comunicativa, mejor podrá preparar y realizar la intervención. Después, si surge un imprevisto, estará más preparado para solucionarlo.

ACTITUDES COMUNICADORAS

Las actitudes tienen un papel protagonista en la consecución de los objetivos de comunicación y se revelan de manera ineludible a través de numerosos indicios de la comunicación oral, como la mirada, los gestos, el tono de la voz o el estilo del lenguaje. Una *actitud* es un estado interno de predisposición que permite actuar de una manera determinada ante un fenómeno o un hecho.

El comportamiento verbal de una persona muestra muchas actitudes respecto a numerosos hechos de la realidad; algunas de ellas favorecen enormemente la comunicación, son las que podemos denominar positivas y abiertas. Las actitudes en sentido contrario suelen ser defensivas o agresivas y responder a prejuicios a menudo muy poco fundados.

A modo de ejemplo, una percepción errónea y negativa relacionada con la oratoria es considerar aconsejables ciertas actitudes que, en realidad, son muy poco comunicativas. Por ejemplo, si bien es cierto que hay que mostrar seguridad para hablar ante un grupo, no por ello resulta útil ser o mostrarse arrogante. La arrogancia es una seguridad excesiva que nos cierra al diálogo, que impide comprender y valorar puntos de vista diferentes al nuestro.

Mostrarse natural y accesible favorece la confianza y la relación cordial con el interlocutor. Sin duda, la predisposición a la escucha y a la comprensión del otro produce un discurso de enunciados más flexibles.

Si en clase conseguimos transmitir apertura y flexibilidad, los alumnos no sólo se sentirán invitados a participar, sino que también tendrán más predisposición, mayor flexibilidad y serán más receptivos hacia nuestros mensajes. Las actitudes adecuadas crean vínculos de confianza mutua entre los interlocutores, facilitan el autocontrol emocional necesario para reflexionar antes de hablar y producen mensajes claros y directos que nos aproximan al interlocutor.

El cuadro 2 define de manera sintética las actitudes que favorecen una comunicación de calidad.

Cuadro 2. Actitudes comunicadoras

NATURALIDAD, SER UNO MISMO	No sobreactuar. Evitar la ampulosidad y la afectación.
HONESTIDAD, SINCERIDAD	No engañar ni exagerar.
INTERÉS, IMPLICACIÓN	Mostrar motivación por el tema e interés por los destinatarios. Responder a los intereses y a las expectativas del grupo.
SEGURIDAD, ASERTIVIDAD	Afirmar con convicción. Expresar las opiniones propias sin agredir ni ofender. Evitar las excusas y las disculpas.
CREDIBILIDAD	Confiar en sí mismo y en el mensaje.
RESPETO HACIA LAS PERSONAS	No acusar ni desacreditar a nadie. Ser breve: no cansar al oyente y respetar su tiempo.
CLARIDAD	Comunicar directamente; usar un lenguaje claro. Evitar la complejidad, la abstracción, las divagaciones y las generalizaciones.
EMOTIVIDAD	Sintonizar con los sentimientos del grupo y del momento. Mostrar sentimientos positivos, hablar de sentimientos y llegar a los sentimientos de los demás.

No debemos olvidar nunca que el estado mental y físico se transmite en la comunicación cara a cara, especialmente con el lenguaje no verbal. Una profesora que muestre bienestar inspira más credibilidad, porque ofrece la imagen de estar interesada por el tema, por la acción de comunicar y por los alumnos. Las ideas se transmiten con más fuerza cuando se muestra implicación y emoción. Si piensa: «Me siento feliz de estar aquí y de tener la oportunidad de hablar de esto con todos vosotros», tenga la seguridad de que el grupo lo percibirá. Además, los estados emocionales se contagian con la comunicación.

La comunicación en el aula 2

EN ESTE CAPÍTULO:

Reflexionaremos sobre la estrecha relación entre comunicación y modelo pedagógico, y analizaremos distintos componentes y factores de la clase como situación comunicativa. Todo ello con la intención de presentar las estrategias para conseguir una comunicación docente de calidad.

INTRODUCCIÓN

El aula es un contexto en el que coinciden todos los elementos propios de una situación comunicativa, y el mensaje o los mensajes que en ella se producen corresponden a lo que, según la lingüística, podemos definir como *discurso*. Incluso podríamos afirmar que una clase es un discurso de discursos o un mensaje de mensajes.

En general se entiende que la principal actividad de un docente es impartir clases. Será interesante definir qué entendemos por *clase* para el objetivo que nos atañe. De hecho, la denominación puede referirse a cosas muy distintas: lecciones privadas dirigidas a un solo alumno, lecciones magistrales dirigidas a un centenar de personas –algo más parecido a una conferencia– o incluso encuentros en un *chat* de un *campus* virtual de aprendizaje.

Aquí entenderemos una clase como la actividad de un grupo que reúne ciertas características:

- Se produce de manera presencial en un lugar y en un periodo de tiempo determinado en los que coincide un grupo de personas.
- Predomina el discurso oral, que puede ser de género monogestionado (monólogos) o plurigestionado (diálogos, conversaciones, debates...).
- Las actividades están propuestas y coordinadas por una persona, considerada experta, con finalidades didácticas (transmitir conocimientos y procedimientos e influir en las actitudes de los receptores).
- Los destinatarios son sujetos activos de aprendizaje y se consideran generalmente menos expertos que dicha persona.
- Tiende a tener un sentido unitario, como actividad y como discurso.
- Se conecta con sesiones anteriores y posteriores en un curso.

COMUNICACIÓN DOCENTE Y MODELO PEDAGÓGICO

Las actividades que se desarrollan en clase y los tipos de comunicación que conllevan tienen una estrecha relación con el modelo pedagógico que sigue el docente –conscientemente o no–. Si la enseñanza se concibe como un proceso unidireccional profesor-alumno y se centra en los contenidos epistemológicos, predomina en el aula el discurso monogestionado. Si, en cambio, la enseñanza se concibe como un proceso comunicativo y multidireccional, centrado en el aprendiz y en el desarrollo de habilidades y capacidades, los tipos de discurso en el aula son múltiples y diversos.

Concebir la clase como actividad de grupo orientada al aprendizaje del alumno supone otorgar a las habilidades del docente su merecida dimensión en que las estrategias necesarias son muy variadas y el conocimiento de la materia no es en absoluto suficiente. Para lograr sus objetivos, deberá poner en práctica habilidades de comunicación verbales y no verbales, relacionales, organizativas, cognitivas... Porque una clase constituye un contexto amplio, rico y dinámico, de relación social y de intercambio comunicativo. De hecho, el modelo pedagógico y el tipo de comunicación en el aula siempre han estado estrechamente relacionados. Veamos, por ejemplo, la importancia que adquiere la interacción verbal en la siguiente caracterización del modelo constructivista de aprendizaje.

> *A diferencia del modelo academicista, cuya metodología principal era la clase expositiva, el constructivismo privilegia las actividades realizadas por los alumnos y alumnas, de manera que no se aprende a través del lenguaje abstracto, sino a través de acciones. Se trata de comprender la relación docente-estudiante como una construcción conjunta de cono-*

cimientos a través del diálogo. Ello implica problematizar los saberes, abrir los conceptos a la discusión y consensuar con los estudiantes una forma común de comprender una determinada disciplina. Sin embargo, no se debe confundir este modelo con un rechazo a la clase expositiva, pues siempre es necesario, en algún momento de la unidad, sistematizar el conocimiento adquirido a partir de las actividades realizadas. (Flórez Ochoa, 2004)

La denominación *constructivismo* se refiere al concepto del proceso de conocer como una construcción mental subjetiva. Es decir, el conocimiento no es una copia de la realidad ni una acumulación de datos, sino una construcción mental de cada ser humano. El constructivismo como enfoque pedagógico parte del supuesto de que el estudiante es un ser activo que recibe y procesa información para construir su propio conocimiento sobre la realidad.

En consecuencia, la labor de profesores y profesoras es conducir la sesión de manera que constituya un entorno de aprendizaje motivador y efectivo, con mensajes y actividades que impliquen y estimulen a los estudiantes. En otras palabras, durante su actividad en el aula, una profesora no se limita a exponer contenidos, también hace preguntas, responde a las que le plantean los alumnos, propone actividades, transmite instrucciones, organiza un coloquio, valora las intervenciones de una puesta en común, etc., además de saludar, despedirse o introducir comentarios informales con cualquier excusa.

Todas estas comunicaciones son importantes y tienen su función específica. Podemos distinguir dos grandes tipos de objetivos comunicativos en el aula:

- ***Funcional***, que incluye la transmisión de contenidos, ya sea de forma expositiva o argumentativa, y las instrucciones. El docente produce la mayoría de los mensajes de este conjunto, pero también los alumnos pueden asumir tareas que incluyan la exposición de datos o la argumentación de ideas.

- *Relacional*, que incluye todos los intercambios comunicativos que regulan la relación entre los participantes. Destacamos entre estos los saludos, las despedidas, las fórmulas de cortesía o las disculpas por un posible error o malentendido. Los mensajes que se centran en la relación son determinantes en la creación de un clima de cordialidad y cooperación que facilita el trabajo conjunto.

Estas dos funciones están relacionadas, no sólo por el hecho de que se dan simultáneamente en el aula, sino porque son interdependientes. Los objetivos docentes, que suelen identificarse con la transmisión de contenidos, no pueden lograrse sin la relación entre todos los participantes. Sin duda, las relaciones humanas y el clima que se va creando en el aula determinan el éxito de la tarea docente. En resumen, la confianza mutua es la base y el requisito de la eficacia en la comunicación docente.

LA CLASE COMO SITUACIÓN COMUNICATIVA

Entender la clase como situación de comunicación nos proporciona una perspectiva muy interesante sobre los elementos y los agentes que intervienen en la actividad docente. Analizarlos nos puede ser muy útil, tanto para planificar la actividad y el discurso como para detectar obstáculos a la consecución de los objetivos comunicativos y pedagógicos. El esquema básico del proceso comunicativo es perfectamente aplicable a la situación del aula (esquema 1).

Esquema 1. Esquema de la comunicación

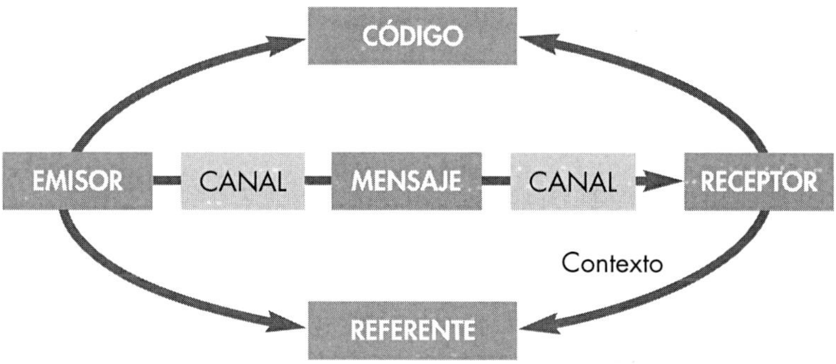

Describimos, a continuación, cada uno de los componentes contextualizados a la situación del aula.

Emisor

El profesor o profesora tiene un papel protagonista en la clase como entorno de comunicación. Es, generalmente, el emisor principal, responsable de iniciar la actividad y de generar y coordinar la comunicación entre los miembros del grupo. Pero a lo largo de la clase se producen intercambios en este papel si hay intervenciones de los alumnos y las alumnas del grupo.

Es muy útil que la comunicación sea bidireccional, es decir, que permita el intercambio de los papeles de emisor y receptor entre los participantes; en realidad se trata de una condición necesaria para verificar la comprensión de los mensajes.

Uno de los errores principales de los modelos pedagógicos tradicionales es el uso casi exclusivo del discurso unidireccional, que no permite verificar si se ha producido comunicación real.

Receptor

Es cualquier oyente individual o audiencia plural. En el ámbito de la educación, suele tratarse de un receptor plural, un grupo. Ello no impide que haya intercambios en los roles de emisor y receptor. Sólo cuando el destinatario es el foco principal del acto comunicativo se consiguen los objetivos de eficacia comunicativa.

Pensar en las necesidades y las expectativas de los receptores en el momento de preparar el discurso y durante su producción nos ayudará a encontrar el lenguaje apropiado y a seleccionar la información necesaria en función de aquello que ya conocen y de aquello que deseamos que conozcan o aprendan.

Mensaje

Los mensajes orales o discursos que se producen en el aula son plurales y diversos. En efecto, además de la exposición de contenidos disciplinares, se intercambian mensajes de relación social (saludos, presentaciones, despedidas...), se trasmiten instrucciones para la realización de las actividades prácticas, se argumentan opiniones de los participantes o incluso se organiza un debate como actividad didáctica.

Referente

Son los elementos de la realidad (fenómenos, hechos, datos, conceptos...) a los que se refiere el mensaje. Como simplificación, podemos considerar la materia impartida como el principal referente de una clase. Los contenidos que se muestran mediante el mensaje son propósito y medio, porque los aprendizajes, más que tener sentido en sí mismos, suelen enfocarse a objetivos cognitivos y funcionales a largo plazo, como al ejercicio de una profesión.

Contexto

En el contexto de comunicación intervienen aspectos como los objetivos pedagógicos, los roles del docente y del alumno, el currículo educativo, la institución y el marco social en general. Desde esta perspectiva, debemos tener en cuenta también que el docente desarrolla un papel de intermediario entre las instituciones y los alumnos, en definitiva, transmite conocimientos y valores que la sociedad considera necesarios para sus miembros, especialmente en lo que se refiere a la enseñanza general obligatoria.

Canal

El canal es el habitual de la comunicación oral simultánea en la interacción entre emisor y receptor. Físicamente, se concreta en el aire que transporta el sonido de la voz y el espacio que permite percibir los signos visuales. La característica principal de este canal es que facilita la verificación de la comprensión de los mensajes, el intercambio en los roles de emisor y receptor y la reformulación del discurso de acuerdo con sus necesidades.

Código

El código es el sistema de signos con el que se construye el mensaje: el emisor usa unos signos para codificarlo y el receptor lo descodifica a partir del conocimiento de esos signos.

El código no se reduce al idioma, porque la gran variedad de niveles y registros puede hacer que un mensaje sea inteligible, difícil o incluso críptico para un receptor que conozca la misma lengua. Por otra parte, toda una serie de signos no verbales constituyen también un código de comunicación inherente a cualquier comunicación cara a cara.

LA CLASE COMO DISCURSO

Bajo la denominación de *discurso* podemos incluir la clase como mensaje, o como suma de mensajes que constituyen una cierta unidad. Como tal, el discurso –o texto oral– es una *unidad comunicativa* que reúne las siguientes condiciones:

- Es adecuado a un determinado contexto y tiende a usar una variedad lingüística homogénea (adecuación).
- Mantiene cierta unidad y coherencia temáticas.
- Presenta una serie de unidades (ideas, frases, palabras...) de manera cohesionada y progresiva.

Desde el punto de vista de la ***producción***, podemos distinguir en el aula al menos dos tipos de discurso:

- El ***discurso monogestionado***, cuando predomina la intervención del docente.
- El ***discurso plurigestionado***, cuando el papel de emisor se intercambia entre diversos participantes, por ejemplo en una puesta en común o en un debate.

Esta división es habitual en los estudios de lingüística del discurso y resulta aclaratoria en el caso de la situación del aula. Sin embargo, cabe destacar que los discursos monogestionados del aula presentan ciertas características del discurso conversacional o plurigestionado. En la explicación del docente suele haber muchos indicios de diálogo, como preguntas, referencias a los presentes o a su contexto, formas verbales que incluyen al grupo, etc.

Veamos algunas expresiones habituales de la actividad docente que demuestran ese carácter híbrido entre monólogo y diálogo de las intervenciones del docente.

- Vamos a ver...
- Pongamos un ejemplo...

- Seguramente os preguntaréis...
- Enseguida podréis ver que...
- Y acabaremos con un caso práctico de...

Desde el punto de vista de la ***caracterización de los discursos***, en el aula suelen producirse diferentes géneros. Citamos los más frecuentes en la actividad docente con la intención de aportar definiciones sobre distintos tipos de discurso que resultarán útiles en próximos capítulos.

La exposición

Se entiende por *exposición* la transmisión de datos o informaciones objetivas. Tradicionalmente, se ha considerado el discurso habitual de la docencia, dedicado a transmitir conocimientos agrupados en una disciplina. Hay algunos sinónimos de este término referido al discurso docente. En algunos ámbitos se usa el término tradicional *lección* y coloquialmente suele denominarse *explicación*. Algunos autores establecen una diferencia entre *exposición* y *explicación* que puede resultar útil: la exposición es la transmisión neutra y objetiva de datos; en cambio la explicación usa mecanismos de relaciones lógicas entre ideas y generalmente se refiere a temas como la explicación de fenómenos o la resolución de problemas

La instrucción

No es casualidad que el nombre de este género textual se haya usado como sinónimo del concepto de *enseñanza*. Muchas de las intervenciones del docente en el aula consisten en transmitir instrucciones, consejos o sugerencias sobre las actividades o los comportamientos que se esperan de los alumnos en el aula y fuera de ella.

La narración

Se producen narraciones en el aula cuando el docente o los alumnos explican sucesos, anécdotas o relatos donde predomina la acción, normalmente expresada en pasado. La narración también suele usarse como recurso didáctico ejemplificador y se considera uno de los medios más efectivos para hacer atractivo cualquier discurso.

La argumentación

Es un tipo de exposición que tiene como finalidad defender con razones o argumentos una tesis, es decir, una idea que se quiere probar. Muchos de los mensajes de una clase comparten las características del discurso argumentativo, que tiene como objetivo principal convencer a los oyentes. Incluso podemos entender que todos los mensajes de un docente comparten ese objetivo porque pretenden modificar comportamientos e influir en las actitudes de los alumnos.

La conversación

La interacción entre profesor y alumnos y entre estos últimos es habitual, no sólo porque la conversación es el tipo de discurso más frecuente en los encuentros entre personas, sino también porque muchas actividades didácticas consisten precisamente en generar el diálogo para intercambiar ideas y llegar a conclusiones relacionadas con los objetivos de la actividad docente.

En capítulos posteriores trataremos con más detalle cada uno de los tipos de discurso citados, con la intención de descubrir qué recursos de eficacia comunicativa son más útiles en cada caso.

ACTIVIDAD 4 Identificación de géneros en la clase

Le invitamos a reflexionar sobre la variedad de discursos que utiliza en una clase.

- Prepare un esquema de las actividades previstas en su próxima clase y deje un espacio en cada apartado para anotar el tipo de discurso que ha necesitado.
- Inmediatamente después de la clase, escriba algunas notas que le ayuden a identificar los géneros de discurso presentes o ausentes en la sesión.

Este análisis le será útil para valorar la variedad de la comunicación en su clase y, más adelante, para relacionar con situaciones concretas los consejos que encontrará en el libro afines a los tipos de discurso más frecuentes en el aula.

Puede usar los cuadros siguientes para clasificar cada una de las partes y de las actividades realizadas en su clase, una vez finalizada.

CLASIFICACIÓN GENERAL: OBJETIVO E INTERACCIÓN			
Relacional	Funcional	Monogestionado	Plurigestionado

CLASIFICACIÓN POR GÉNEROS			
Exposición	Argumentación	Instrucción	Conversación

LAS CLAVES DE LA COMUNICACIÓN EFICAZ

En las conversaciones informales entre compañeros de trabajo es habitual oír comentarios como «Es que no escuchan», «Se distraen mucho», «No sé cuántas veces he repetido lo mismo»... La sensación de que la comunicación no funciona suele conllevar la tentación de responsabilizar al receptor de ese fracaso, especialmente si estamos convencidos de que nosotros ya lo hacemos tan bien como podemos. Ciertamente, la transmisión de un mensaje puede encontrarse con numerosos obstáculos, entre los cuales destacan ciertos factores psicológicos de los receptores que funcionan como filtros. También es cierto que en algunos de estos factores podemos influir poco, porque dependen de aspectos extraescolares. Por ejemplo, un entorno familiar complejo o una situación dolorosa puede bloquear durante días al mejor de nuestros estudiantes.

No obstante, si consideramos que comunicar bien es un requisito de nuestra actividad profesional, tenemos el deber de favorecer la eficacia comunicativa en todo aquello que incluye nuestra parcela de responsabilidad en el proceso comunicativo y en la relación con los alumnos.

Con el deseo de ofrecer una visión global y sintética de los recursos que están a nuestro alcance, podemos definir tres claves básicas de la comunicación oral eficaz:

1. *Establecer relaciones de confianza con los oyentes.*
2. *Planificar la actividad comunicativa.*
3. *Facilitar la comprensión de los mensajes.*

Los recursos que se ofrecen a lo largo de los capítulos siguientes comparten esos tres grandes objetivos.

Establecer relaciones de confianza

Sin duda, aspectos como la credibilidad que inspira el docente en el grupo y su capacidad de generar complicidades con los alumnos determinan la comprensión efectiva de los mensajes. Los métodos de enseñanza modernos conceden gran importancia a las percepciones, los pensamientos y las emociones del alumno en los intercambios que se producen durante el aprendizaje.

Esos factores determinan la relación entre los participantes y, por lo tanto, los efectos de las actividades de aprendizaje y del trabajo del docente. Hay algunas condiciones que nos ayudan a crear sintonía en la comunicación con un grupo:

- Tener y mostrar un interés auténtico por su realidad, sus intereses y sus expectativas. El efecto es una respuesta recíproca que implica el interés de los destinatarios hacia nuestros mensajes.
- Tener en cuenta todas las informaciones que poseamos sobre los miembros del grupo, con neutralidad y sin prejuicios.
- Mostrar, con los mensajes verbales y no verbales, actitudes que faciliten una relación cordial y respetuosa.

Cuando en una relación entre personas existen interés y respeto mutuos, los intercambios comunicativos suelen ser ágiles y efectivos. Sin embargo, tradicionalmente la relación profesor-alumno se ha considerado asimétrica, por la diferencia de conocimientos, de edad y de poder que separa las dos figuras, y a menudo eso ha podido ocasionar que no se cumplan las condiciones adecuadas para el intercambio comunicativo. Ahora bien, si nos planteamos el reto de que la comunicación fluya de manera efectiva, deberemos estar dispuestos a concebir la relación con los alumnos como una relación entre iguales.

Esta visión de la enseñanza como relación entre iguales es más habitual en experiencias de formación continuada en las que, generalmente, una persona experta forma profesionales en activo. A veces el docente es un compañero de trabajo, o bien una persona de la misma categoría profesional en otra organización que comparte sus conocimientos con el grupo. Pero en cualquier entorno de aprendizaje, el papel protagonista que se atribuye al docente en la interacción del aula es perfectamente intercambiable, es decir, pueden ejercerlo también los estudiantes. ***Un enfoque pedagógico comunicativo, dinámico y participativo favorece la relación respetuosa entre profesores y alumnos.***

Sin duda, los modelos autoritarios de enseñanza conllevan ciertas dinámicas de defensa y ataque en que caemos ineludiblemente las personas cuando alguien invade nuestra libertad. Estas dinámicas producen emociones negativas (agresivas o defensivas) que constituyen filtros, si no auténticas barreras, para la comunicación. Generan, en definitiva, relaciones conflictivas, entendiendo el conflicto como la falta de comunicación suficiente para compartir y negociar intereses y objetivos. Esa visión jerárquica tradicional contrasta con la necesidad actual de concebir la docencia como una actividad de ayuda, que requiere entender la relación con el alumno de manera equitativa, es decir, cada uno tiene su lugar y su responsabilidad, sin invasiones en el espacio personal, en la autonomía y en la capacidad de decisión de cada una de las partes.

Finalmente, hay que tener presente que a menudo son los alumnos los que han asumido una visión tradicional de la figura del profesor y le otorgan una autoridad excesiva. Es más, eso puede conllevar una atribución de responsabilidades excesivas al profesor, con la consecuente descarga de responsabilidad por parte de los alumnos. La configuración de un estilo de relación deseado a lo largo de un curso requiere siempre ciertas estrategias comunicativas. Anna Cros lo define como un doble movimiento que se refleja en distintos recursos expresivos:

> *Para conseguir sus objetivos comunicativos, los profesores suelen realizar un doble movimiento, de distanciamiento y de aproximación respecto de los estudiantes, que les permite mantener su autoridad en la gestión de la clase y en el reconocimiento de sus conocimientos y, al mismo tiempo, mostrarse dispuestos a colaborar con los estudiantes para crear un clima de cooperación y de confianza en el aula.* (Cros, 2003)

Así, podemos encontrar en el discurso de los docentes estrategias de distanciamiento y estrategias de aproximación. Entre las primeras incluimos las instrucciones sobre las actuaciones de los estudiantes, la presentación de ciertos contenidos como ideas validadas por autoridades científicas o académicas, o la transmisión de actitudes acordes a ciertos modelos positivos aceptados. Entre las estrategias de aproximación encontramos recursos comunicativos de inclusión del grupo en el discurso, como el uso de los pronombres personales *vosotros* o *nosotros*, los ejemplos próximos a su realidad y las fórmulas de cortesía.

Finalmente, debemos aludir a la necesidad de usar en el aula un lenguaje respetuoso, que no transmita prejuicios sociales ni discriminaciones de ningún tipo. Para ello, deberemos atender no sólo al significado de las palabras sino también a su valor connotativo, y no sólo a aquello que afirmamos sino también a las ideas implícitas de nuestros enunciados. Prestar la debida atención a estos aspectos es una muestra de sensibilidad y constituye un modelo para los alumnos.

Planificar la actividad comunicativa

Un buen discurso nunca es fruto de la improvisación. Por eso todos los manuales de oratoria recomiendan dedicar tiempo y atención a prepararlo. Los docentes sabemos que es necesario planificar el curso y preparar cada una de las clases. A menudo anotamos en una hoja las actividades, hacemos fotocopias de un problema para resolver, marcamos en el libro las páginas que contienen el tema que trataremos... Sin embargo, ¿cuántas veces dejamos sin preparar las intervenciones orales necesarias para todas esas actividades del aula?

Incluso en los métodos más activos, basados en la capacidad del alumno para aprender por medio de la acción o siguiendo métodos científicos como si fuera un joven investigador, no podemos limitarnos a llevar al aula las instrucciones escritas de las actividades didácticas. ***La planificación de la sesión debe incluir, además de las actividades que propondremos a los alumnos, las intervenciones orales que servirán para lograrlo o para transmitir ideas o conocimientos.***

Podemos dividir la tarea de planificar en dos fases o etapas. La primera, más reflexiva, consiste en tomar decisiones sobre la finalidad y el contenido de la sesión, teniendo en cuenta las características de los alumnos y los objetivos de aprendizaje. Además, podemos prever con cierta exactitud qué tiempo de la sesión irá dedicado a actividades en el aula o incluso a intervenciones orales de algunos alumnos.

En una segunda fase, más práctica, podemos preparar un guión previo que incluya todos los aspectos de nuestras intervenciones: contenido, ideas clave, informaciones secundarias, partes y orden del discurso, tiempo disponible... En muchas ocasiones será necesario, además, preparar materiales visuales para ilustrar nuestra intervención (fotocopias, transparencias, gráficas...).

Ello requerirá también confirmar la disponibilidad y el buen funcionamiento de determinados aparatos (ordenador, proyector, magnetófono, vídeo) e incluso pensar en alternativas por si, a la hora de la verdad, nos fallan.

Facilitar la comprensión de los mensajes

Si transmitimos un mensaje complejo, por su forma o por su contenido, nos alejamos de los destinatarios y arriesgamos el éxito de la comunicación. Cualquier esfuerzo por hacer el mensaje más comprensible irá a nuestro favor. Los principales recursos para conseguirlo son:

1. La estructuración del contenido.
2. El uso de un lenguaje claro y accesible.

Estructuración del contenido

Si nuestro mensaje es una sucesión lineal o una acumulación caótica de datos no será fácil de comprender. Las informaciones se perciben mejor cuando los datos se agrupan en conjuntos que siguen un cierto orden. *Un discurso bien estructurado es aquel en que la relación entre sus partes es clara y lógica.*

Los dos requisitos básicos para que un mensaje se pueda considerar estructurado son los siguientes:

- Que contenga divisiones en partes distintas.
- Que las distintas partes mantengan una relación lógica.

El orden con el que presentamos las ideas es esencial para asegurar la comprensión del mensaje, pero no hay una fórmula única que nos permita decidir qué ideas debemos presentar antes y cuáles después.

Lenguaje claro

El lenguaje constituye el código que teje el mensaje oral y que deberá descifrar el oyente. ***Para favorecer la comprensión, debemos escoger un modelo de lengua próximo al lenguaje de los alumnos***. Usar un estilo complejo, demasiado culto o demasiado técnico es poner trabas a la comprensión fácil y agradable.

Si para asegurar la precisión de las informaciones necesitamos usar palabras técnicas, siempre podemos acompañarlas de una buena definición. Al fin y al cabo, aprender vocabulario relacionado con la materia es también un objetivo de aprendizaje.

Por otra parte, la ***construcción de las frases*** debe tender a la simplicidad, sin abusar de incisos largos o digresiones. También pueden ser un obstáculo para la comprensión las frases inacabadas, las imprecisiones y los tonos irónicos o insinuantes, que suelen caracterizar la lengua oral coloquial. Una intervención con objetivos didácticos es un ejemplo de discurso formal o de formalidad media, a caballo entre la lengua oral y la lengua escrita, ya que es el resultado de una cierta planificación.

Finalmente, debemos tener en cuenta los ***aspectos fónicos del mensaje oral***: volumen suficiente, velocidad adecuada, entonación significativa y articulación clara de los fonemas. El alumno que se ha sentado en el lugar más alejado del aula debe percibir cada sonido de cada una de las palabras que constituyen el discurso.

El lenguaje del cuerpo 3

EN ESTE CAPÍTULO:

Analizaremos la función comunicativa y el significado de los numerosos signos que, ineludiblemente, emite nuestro cuerpo en cualquier acto de habla y que reflejan, sobre todo, actitudes y emociones. La desinhibición se presentará como el mejor recurso para aprovechar las posibilidades comunicativas de rostro, manos y cuerpo en general.

INTRODUCCIÓN

Nos comunicamos con todo el cuerpo y no solamente con las palabras. Una intervención oral no es sólo un acto sonoro, sino que también es visual y, en consecuencia, el grupo destinatario no es sólo oyente, sino que, a su vez, es espectador. Ciertamente, alrededor de un mensaje verbal se reúnen otros mensajes no verbales relacionados con la escenografía de la situación, como la postura y los gestos del orador o la distancia que mantiene respecto al grupo.

El cuerpo emite signos extralingüísticos e indicios que transmiten información mucho más allá del mensaje verbal.

Los signos no verbales siempre están presentes en la comunicación y no tienen significado unívoco. Pueden acentuar, matizar y hasta contradecir el significado literal de las palabras. Algunos son deliberados y otros son involuntarios. Estos signos, también llamados *paralingüísticos*, transportan una enorme carga de informaciones sobre el emisor e influyen de manera consciente e inconsciente en el receptor. Son, en gran medida, culturales y constituyen códigos que varían de una cultura a otra.

Uno de los fenómenos más fáciles de comprobar en este sentido son las diferencias entre la distancia corporal y el tiempo de contacto visual entre personas que mantienen una conversación. Por ejemplo, hay comunidades en las que dos interlocutores siempre se tocan, y otras en las que la mirada expresa jerarquía y eso implica que debe escucharse a un superior con la cabeza baja y sin mirarlo.

El aula es un entorno privilegiado para observar el funcionamiento de ciertos códigos relacionados con el uso del espacio y la distancia, que son objeto de estudio de la proxemia. Por ejemplo, es fácil comprobar que una parte considerable del alumnado procura sentarse lo más distante posible del profesor. Además, los estudiantes suelen repetir cuando eligen el lugar donde se sentarán en el aula y se muestran contrariados si alguien ha ocupado la silla que habían escogido los días anteriores. Es todo un ejercicio de territorialidad que constituye una parte de nuestro comportamiento animal.

También en el ámbito de la docencia algunos estudios de sociólogos y psicólogos han observado que los alumnos que se sientan a la izquierda del profesor obtienen mejores calificaciones que los del lado opuesto. Parece que el hecho de haber recibido el doble de miradas que los otros les hace sentirse más reconocidos y estimulados. Todo parece indicar que el profesor tiende a mirar preferentemente a su izquierda, fenómeno que se explica por la mayor actividad del hemisferio cerebral izquierdo, donde se sitúa el pensamiento lógico necesario para recordar y sistematizar datos.

SIGNOS CORPORALES

Aunque la distancia entre interlocutores es muy significativa, las formas más evidentes y más complejas de comunicación no verbal emanan de nuestro propio cuerpo. En nuestro comportamiento en grupo, la forma de sentarnos o de estar de pie, los gestos faciales, los movimientos de manos... conllevan significados relacionados con nuestros pensamientos, sentimientos o intenciones. Una postura que incluya los brazos cruzados suele interpretarse como defensiva. En cambio, el contacto ocular con la cabeza inclinada hacia otra persona denota interés y empatía. En una intervención ante un grupo, cuando el orador tiene las palmas hacia arriba, como un mendigo, está pidiendo simbólicamente la atención del auditorio.

Flora Davis y Desmond Morris fueron los primeros en difundir estudios serios sobre el lenguaje de los gestos. Gracias a ellos sabemos, por ejemplo, que las manos pueden jugar un papel determinante en una intervención oral ante un grupo. A los movimientos de manos que acompañan el discurso se les llama *señales batuta* porque, como en una sinfonía, marcan el ritmo que el orador quiere transmitir al público.

El conocido zoólogo Desmond Morris investigó los códigos de señas entre las personas y el aparente origen animal de muchos aspectos de la conducta y de las costumbres sociales. Después de su famoso libro *El mono desnudo*, continuó investigando acerca de los gestos y movimientos mediante la observación del comportamiento de distintos animales y muy especialmente de ese mamífero que denominamos ser humano.

Lo cierto es que si desarrollamos nuestra sensibilidad hacia el lenguaje corporal y sus múltiples implicaciones podemos conseguir conectar mejor con los pensamientos y los sentimientos de las otras personas. Incluso podemos percibir con más detalle qué comunican los mensajes que otras personas intentan hacernos llegar. Lilian Glass es una especialista en comunicación que trabaja como formadora en los Estados Unidos, especialmente con actores y políticos. En sus trabajos de divulgación aborda –entre otros temas– la importancia de la comunicación no verbal y la influencia que puede tener en las relaciones personales y profesionales. En su libro *Sé lo que estás pensando*, define cuatro códigos de comunicación:

- El código del habla.
- El código de la voz.
- El código facial.
- El código corporal.

Según esta autora, percibimos mucha información sobre las personas observando los detalles de su comunicación oral, pero a menudo no la valoramos lo suficiente o no confiamos en nuestras propias percepciones, porque nos parecen intuitivas e irracionales.

Los signos no verbales relacionados con la producción del discurso oral ante un grupo son principalmente visuales, denominados también *cinéticos* (movimientos, posturas, gestos y miradas) y sonoros (volumen, cambios de tono y de timbre, onomatopeyas, sonidos bucales...).

Para que la comunicación global resulte comprensible y sincera, es necesario que la comunicación no verbal sea congruente con la comunicación verbal y viceversa.

Signos visuales

El cuerpo humano comunica constantemente actitudes y estados de ánimo. En una intervención oral debemos prestar atención al uso que hacemos de todas las posibilidades expresivas de nuestro cuerpo, por dos razones básicas: porque revelamos nuestro estado físico y anímico y, porque el cuerpo –y no sólo la palabra– comunica.

Seguramente la imagen que tenemos de una clase tradicional es la de un profesor sentado detrás la mesa o escribiendo en la pizarra, hablando a sus alumnos que están sentados en filas alineadas. Teniendo en cuenta que comunicamos con todo el cuerpo, sentarse detrás de una gran mesa o mostrar la espalda con frecuencia a nuestros alumnos escribiendo ejercicios o esquemas en la pizarra son posiciones erróneas. Cuando nos mantenemos sentados tras la mesa, escondemos detrás de un mueble gran parte de nuestro cuerpo. Si escribimos en la pizarra, no podremos mostrarnos de frente, ni gesticular con las manos, ni dirigir miradas hacia nuestros oyentes.

Evitar los gestos y mantenerse siempre en la misma postura, por adecuada que nos parezca, también puede considerarse un error; el motivo es la ausencia de variación. Algunos estudios sobre percepción afirman que la atención de una persona no suele mantenerse en un punto fijo más de 30 segundos.

Un buen profesor debe evitar la monotonía y un buen recurso para conseguirlo es ir variando su situación en el aula, sus posturas y sus gestos corporales y faciales.

Posturas y movimientos

Si comunicamos con todo el cuerpo, debemos reducir al máximo los momentos en que nuestro cuerpo se mantiene oculto al grupo, ya sea de espaldas o detrás de una mesa y, en general, evitar las posturas que *reprimen* los gestos, como mantener las manos en los bolsillos o apoyadas en la mesa, los brazos cruzados o las manos enlazadas.

También son muy desaconsejables las posturas que muestren desequilibrio o tensión, porque transmiten tensión al grupo. Un pie poco apoyado o una de las dos piernas en movimiento mecánico transmiten, incluso inconscientemente, la impresión de que vamos a salir corriendo del aula. Las manos agarradas a la mesa pueden dar la sensación que estamos a punto de coger carrerilla para huir. A veces es fácil comprobar que los pies de una persona que habla están orientados hacia la salida más próxima.

Hablar levantado, ante el grupo, gesticulando con naturalidad o incluso trasladándonos lentamente a distintos puntos del aula parece la opción más acertada, porque produce la variación necesaria para mantener la atención. No es un error sentarse en una silla, colocarse tras la mesa o escribir en la pizarra si esas acciones son sólo una más entre muchas otras.

Deberemos encontrar el ritmo adecuado para esos movimientos o cambios aconsejables de postura. Tampoco se trata de hacer una tabla de ejercicios gimnásticos en clase. Una buena estrategia es usar los desplazamientos o las variaciones de postura como recursos de énfasis. Está demostrado que un cambio visual capta la atención de los oyentes, por lo tanto podemos simultanearlo con alguna parte importante de la intervención. Los cambios de postura o de situación en el aula también son muy útiles para marcar distintas partes o giros temáticos en el discurso.

Gestos

Los gestos, como las posturas, forman parte de los signos paralingüísticos visuales, que también se denominan *cinéticos*, porque están asociados al movimiento. En cuanto a los gestos que acompañan el habla, destacaremos tres grandes tipos: ilustradores, reguladores y adaptadores. Los ilustradores son muy aconsejables para conseguir transmitir una actitud comunicativa. Los reguladores tienen relación con la interacción entre las personas que participan en el acto de comunicación. Los adaptadores son un obstáculo para la comunicación: tenemos que aprender a controlarlos y, si es posible, a evitarlos.

Ilustradores

Son gestos y movimientos que se producen en sincronía con el habla, la ilustran o acompañan. Desmond Morris denomina *gestos batuta* esos gestos faciales o movimientos de manos y brazos simultáneos al discurso oral. Son deliberados, pero tienen un componente inconsciente. Fijémonos en que gesticulamos incluso hablando por teléfono. Pueden estar relacionados con la idea expresada verbalmente, pero no tienen significación explícita acordada.

Algunos ejemplos son:

- Gestos faciales que expresan cansancio, sorpresa, duda...
- Movimientos de las manos que ilustran una expresión, indicando, por ejemplo, un tamaño o una distancia.
- Gestos que aportan énfasis: dibujan la línea del pensamiento, describen un ritmo, señalan una dirección...
- Consentimientos o negaciones con la cabeza.

Los gestos ilustradores ayudan a captar y a mantener la atención de los oyentes. Una postura rígida comunica poco y suele ir asociada a tonos de voz poco variables. En general, es aconsejable acompañar nuestro mensaje con gestos faciales adecuados al contenido y mover ambas manos para dibujar gestos variados, equilibrados, de altura media y con tendencia a la simetría. Si movemos sólo un brazo mientras el otro permanece inmóvil, transmitimos la sensación de desequilibrio que hemos comentado anteriormente.

Reguladores

Son movimientos y gestos que afectan directamente a la interacción, porque regulan especialmente los turnos de palabra. Indican al interlocutor que continúe, que repita, que vaya acabando... Sirven para solicitar la palabra, para mantenerla o para concederla. Garantizan la sincronía en la distribución de intervenciones en una conversación.

Los gestos reguladores más frecuentes consisten en movimientos de cabeza o de manos, miradas y variaciones de ritmo. Algunos ejemplos de este tipo de gestos son los siguientes:

- Asentir con la cabeza para indicar que seguimos un discurso.
- Levantar la mano para pedir una pausa, o indicar que hablen más despacio.
- Indicar con un gesto breve que estamos a punto de acabar...
- Mantener la mirada, alternarla o alejarla del interlocutor.

Pueden ser sonoros o ir acompañados de signos sonoros como:

- Elevar el volumen.
- Acelerar el ritmo.
- Hacer pausas para invitar a participar...

El uso de estos signos no verbales de función reguladora se basa en la regla implícita de que dos personas no pueden hablar a la vez, cosa que puede llegar a ocurrir si no se usan o si uno de los interlocutores no los respeta.

Los gestos reguladores son muy importantes en un diálogo de dos personas, pero también intervienen en una exposición oral ante un grupo.

Los alumnos en el aula pueden mostrar con su mirada que requieren una aclaración o pedir la palabra moviendo ligeramente la mano. El profesor indica con un gesto que cede la palabra a un alumno que la ha solicitado o para que responda a alguna cuestión. También pueden considerarse reguladores algunos gestos que acompañan el saludo inicial u otros que se asocian con el final de la sesión, como recoger los papeles, cerrar la carpeta, borrar la pizarra o levantarse acercándose al grupo.

Adaptadores

Se denominan *adaptadores* un conjunto de gestos que en realidad son manifestaciones externas de estados de ánimo y de dominio de emociones, a modo de válvula de escape. Suelen ser gestos de manipulación de objetos o del propio cuerpo (autoadaptadores). Aumentan en situaciones de incomodidad psicológica y en estados de angustia, ansiedad o engaño. Algunos indican estados afectivos y actitudes: tristeza (bajar la cabeza con tono de lamento...), inseguridad, miedo (cerrar piernas o cruzar los brazos para protegernos), agresividad (cerrar las manos con tensión). Otros son simplemente indicios de ansiedad; parece que cuando nos encontramos en una situación incómoda, que necesitamos controlar, aparecen estos gestos como una forma de adaptarnos a esa situación.

Veamos ejemplos más frecuentes:

- *Adaptadores con objetos*: pasar los dedos por el borde de un vaso, abrir y cerrar la punta de un bolígrafo, girar insistentemente el anillo, limpiarse las gafas o sacárselas y volver a colocárselas sin motivo, jugar con un collar o con algún elemento de nuestra ropa...
- *Autoadaptadores*: morderse las uñas, apartarse el pelo de la cara, pellizcarse, apretar o frotarse las manos, rascarse la nariz o la oreja, ponerse bien las gafas, subirse o estirarse las mangas, enredar el dedo en un mechón de cabello...

Hablando en público existe un alto riesgo de realizar acciones, gestos o movimientos adaptadores como los citados, que pueden suponer un obstáculo para la comunicación. No sólo reflejan nuestro estado de inquietud y angustia, sino que también lo transmiten a los presentes, incluso inconscientemente y, por lo tanto, suponen un obstáculo para la escucha. ***Es aconsejable evitar cualquier gesto mecánico o repetitivo*** y, muy especialmente, si produce algún tipo de ruido (golpecitos en la mesa con un lápiz, abrir y cerrar la punta del bolígrafo...). ***Debemos autoobservarnos, analizar nuestros tics y controlarlos.***

ACTIVIDAD 5 Análisis del comportamiento gestual

Consiga una intervención oral de unos diez minutos, en vídeo. Puede usar la filmación de algún acto o conferencia que haya organizado su centro o bien grabarla de la televisión. En este segundo caso, se recomienda escoger la intervención de un invitado a un programa de entrevistas, a fin de que no sea un profesional de la televisión ni un presentador de informativos.

Observe el comportamiento no verbal de la persona observada e intente encontrar ejemplos de los tres tipos de gesto comentados en el capítulo.

ANÁLISIS DEL COMPORTAMIENTO GESTUAL		
Ilustradores	Reguladores	Adaptadores
Gestos que acompañan el discurso a modo de batuta. *(Aconsejables)*	Gestos que sirven para solicitar u otorgar la palabra a los participantes. *(Aconsejables)*	Gestos inconscientes que liberan la tensión del cuerpo. Pueden ser mecánicos y repetitivos. *(Desaconsejables)*

La mirada

En una conversación, la mirada tiene un papel decisivo como reguladora de los turnos de palabra: con la mirada indicamos que escuchamos a alguien, que queremos hablar o que continuamos escuchando. Además, la mirada refleja sinceridad, porque nuestra cultura relaciona la mirada directa con la verdad y la mirada huidiza con la mentira. No mirar al interlocutor se interpreta como indicio de desinterés y distanciamiento, incluso de engaño. Se ha comprobado, por ejemplo, que una persona tiende a hacer miradas altas, bajas o al infinito cuando improvisa (inventa) el discurso.

En una intervención oral ante un grupo, la mirada franca y abierta indica proximidad, cosa que resulta muy útil para contrarrestar la distancia espacial. La mirada del orador funciona como un haz de hilos que se lanzan y se recogen y acaban reuniendo simbólicamente en un entramado a todas las personas de la audiencia. Con la mirada, la profesora debe expresar que habla para todos y cada uno de los presentes. Si hay un sector del aula que no recibe su mirada, los alumnos que están ahí se sentirán abandonados y es muy probable que pierdan el hilo del discurso.

Hay que evitar orientar la vista al techo o perderla en el vacío, así como la tentación de mirar constantemente a una sola persona que –porque demuestra que nos escucha o asiente constantemente– nos inspira confianza. Hay que alternar la mirada buscando el equilibrio, es decir, repartirla equitativamente entre todos los rostros y sectores del aula.

La mirada también establece todo un juego de mensajes que van del grupo al docente. Si éste empieza a preguntar o a solicitar la participación, muchos alumnos procuran desaparecer para no verse obligados a hablar (bajan la cabeza, encogen el cuerpo, se muestran meditabundos, escriben algo en su cuaderno...). En una clase, el profesor se sentirá mucho más atraído por el alumno que le mira francamente, dando muestras de interés, que por el que hojea los apuntes, garabatea en una cuartilla o mira por la ventana.

Dada la importancia que tienen en la comunicación los signos relacionados con la mirada, el espacio del aula debería organizarse de manera que facilite al máximo el contacto ocular entre todos los miembros del grupo. Las distribuciones que cumplen ese requisito favorecen las actividades de equipo y la participación del grupo en las conversaciones formales e informales.

CONSEJOS PRÁCTICOS DE COMUNICACIÓN NO VERBAL

Atención a los primeros instantes

Podemos afirmar que el primer día de clase el grupo se forma una imagen del docente antes de que éste empiece a hablar: por su aspecto físico, por la indumentaria, por las primeras acciones al llegar al aula... La primera imagen es determinante, por eso hay que prestar mucha atención en la primera sesión de un curso y a los primeros minutos de cada sesión.

Control emocional y actitudes positivas

Los manuales de oratoria recomiendan autoobservarse para controlar todos los movimientos, especialmente en las fases más tensas, como el inicio de una intervención. Pero no hay que confundir autocontrol con represión de los gestos. Se trata de evitar manifestaciones de emociones poco adecuadas –o al menos poco útiles para comunicarse– como el miedo o la ira. Las actitudes positivas, abiertas y comunicativas, una vez interiorizadas, seguro que se reflejarán en nuestra manera de hablar: en la postura, en las miradas, en el tono del discurso, en las palabras concretas... Si quiere que le escuchen con calma e interés, hay que usar recursos incluso antes de empezar a hablar. Hay dos que siempre funcionan: mirar con franqueza y sonreír; la mirada franca y la sonrisa inspiran confianza y simpatía. Y para continuar hablando al grupo: desinhibirse, comportarse con naturalidad.

Desinhibición y naturalidad

Mientras hablamos, debemos adoptar posturas y movimientos adecuados, ilustrar el discurso con la gesticulación de manos y brazos y usar de manera significativa la gesticulación facial y la mirada. Sin embargo, el hecho de hablar en público suele crear angustia y tensión y esto puede provocar falta de naturalidad. Una postura rígida y un control limitador de nuestro cuerpo no nos serán de gran ayuda. Recuerde: una postura inmóvil no comunica. En nuestra cultura, cuando hablamos, nos movemos, miramos y gesticulamos. Si conseguimos desinhibirnos, con toda probabilidad adoptaremos la postura más adecuada, miraremos abiertamente y gesticularemos con naturalidad.

Control de obstáculos físicos

Algunos espacios donde se realizan actividades de formación constituyen un auténtico conjunto de obstáculos para la comunicación no verbal y, por lo tanto, para la comunicación efectiva entre el docente y el grupo. A veces, los obstáculos los crea el propio docente por negligencia. El cuadro 3 presenta algunos ejemplos.

Cuadro 3. Obstáculos para la comunicación

OBSTÁCULOS	EJEMPLOS
DIFERENCIA DE NIVELES 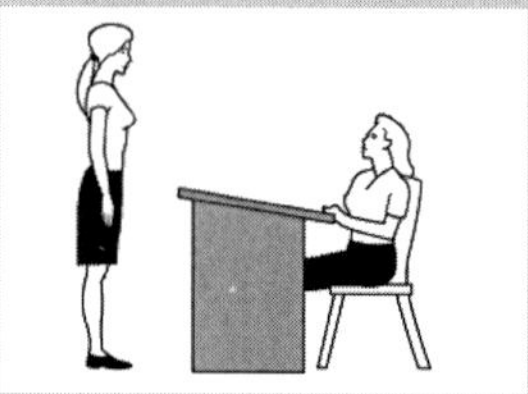	• Hablar desde una tarima. • Hablar de pie a un alumno mientras está sentado en su pupitre. (En estas ocasiones es aconsejable inclinarse.)
DISTANCIA EXCESIVA 	• Aula tipo sala de actos, excesivamente grande, con la mesa del ponente distanciada del foro y con pocos asistentes.
BARRERAS 	• Hablar sentado detrás de la mesa. • Hablar detrás del retroproyector. • Mesas con ordenador en que el rostro de los alumnos queda oculto por el monitor.
ELEMENTOS QUE CUBREN EL ROSTRO 	• Rostro apoyado en la mano. • Papeles levantados a la altura del rostro. • Micrófono voluminoso.

La voz, un instrumento frágil y valioso 4

EN ESTE CAPÍTULO:

Estudiaremos el instrumento físico de la producción del habla: la voz. El control de la voz se manifiesta en aspectos como el volumen, la velocidad y el tono, que influyen en la percepción del mensaje que tendrán los oyentes. También encontrará consejos saludables y ejercicios para mantener en forma los órganos fonatorios.

INTRODUCCIÓN

Seguro que ya ha notado que la voz es su principal instrumento de trabajo. Un profesor o una profesora que una mañana se despierta con una afonía aguda, sencillamente no puede ir al trabajo, porque hablar es una parte fundamental de su actividad diaria. Y no sólo necesitamos hacerlo constantemente en clase, sino también en las reuniones de departamento o de claustro, en las entrevistas con madres, padres o alumnos, en el pasillo con los compañeros y compañeras para pedir que nos acompañen en una visita a un museo o para decidir quién hará guardia en la biblioteca a la hora del patio, por ejemplo.

Debemos cuidar nuestra voz, el principal instrumento físico de la comunicación oral. La voz refleja el estado físico y anímico y permite hacer inflexiones para mostrar actitudes y emociones, y para controlar aspectos tan determinantes como el tono y el ritmo del discurso.

La emisión secuenciada de sonidos que constituye el habla se produce gracias a la acción simultánea de diferentes factores:

- *Una corriente de* aire, producida por los pulmones y los músculos respiratorios.
- *Los órganos fonatorios*, vibrantes en la laringe (cuerdas vocales) y resonantes en la faringe, la boca y la nariz.
- *Movimientos articuladores* producidos por labios, dientes, paladar duro, velo del paladar y mandíbula.

Los pulmones suministran el aire que, atravesando los bronquios y la tráquea, van a sonorizar las cuerdas vocales, unas membranas que se encuentran en la laringe. En la laringe se produce la voz en su tono fundamental, sonido que sufre una modificación en la cavidad de resonancia constituida por la nariz, la boca y la garganta, en la que se amplifica y se forma el timbre de voz. Los órganos articuladores (labios, dientes, paladar duro, velo del paladar, mandíbula) moldean finalmente esa columna sonora, transformándola en articulaciones del habla, es decir, fonemas, sílabas y palabras.

La potencia de la voz depende de una buena respiración. Necesitamos tiempo para inspirar y espirar sin esfuerzo. La buena calidad de voz depende del ritmo respiratorio que, a su vez, está estrechamente conectado con el estado físico y anímico. Si no respiramos bien en una intervención oral, los oyentes perciben fácilmente nuestra sensación de ahogo y les crea angustia.

Figura 1. Respiración costo-diafragmática

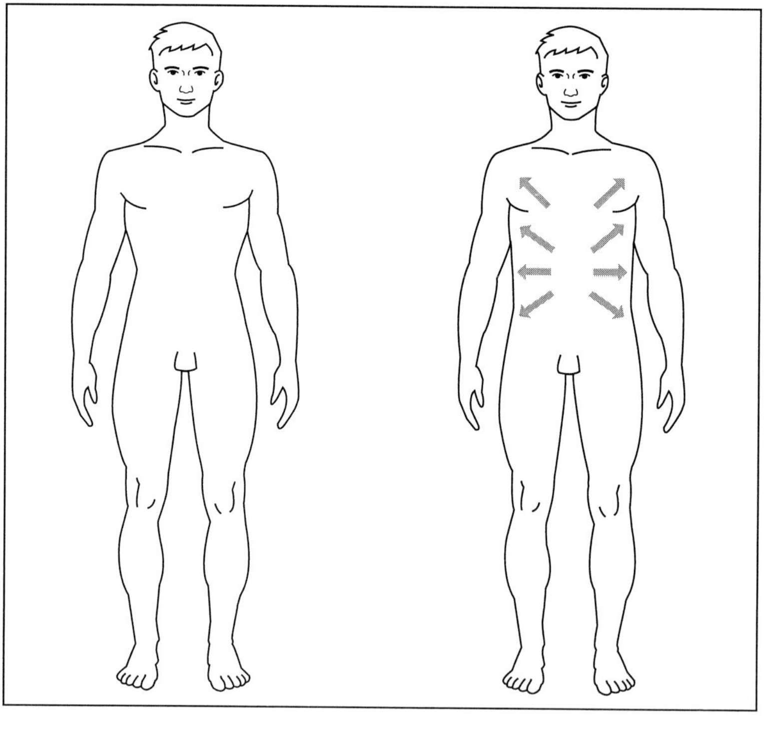

Algunos profesionales de la voz, como cantantes o actores, consiguen alargar el tiempo de expulsión del aire por medio de la ***respiración costo-diafragmática***. Consiste en llenar toda la cavidad abdominal y costal –y no sólo el tórax– en cada inspiración, de manera que aprovechamos la máxima capacidad de nuestros pulmones (figura 1).

Según los expertos, ése es el tipo de respiración del estado de reposo y de nuestros primeros meses de vida. Aprender (o reaprender) a respirar de esta manera es un recurso muy valioso para la expresión oral.

Para conseguir un buen ritmo respiratorio en una intervención oral, es recomendable hablar de pie, adoptando una postura equilibrada, fuertemente asentada en los pies, colocados un poco separados en paralelo, las rodillas ligeramente flexionadas hacia delante y los brazos abiertos, a media altura (figura 2). Esta posición permite el máximo de capacidad de inspiración de aire y facilita la expiración lenta necesaria para hablar con fluidez. Además, produce la relajación del cuello y la laringe, lo cual facilita la vibración de las cuerdas vocales.

Figura 2. Postura de pie recomendada

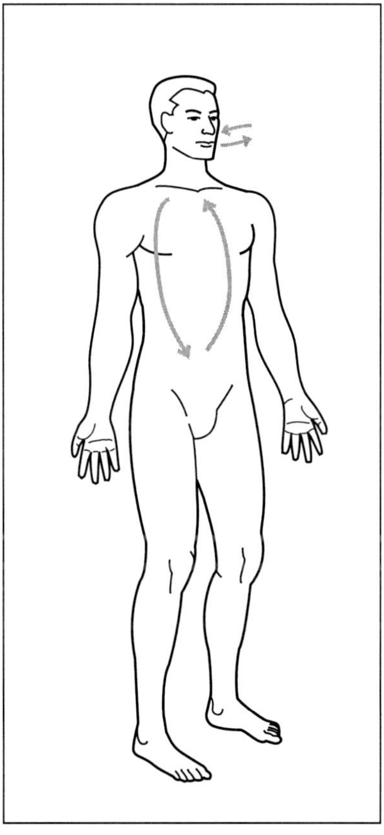

ACTIVIDAD 6 Ejercicios de respiración

Los ejercicios de respiración, bien hechos, resultan muy relajantes y, además, tonifican los músculos implicados en la respiración. Ambas cosas son necesarias para controlar el ritmo del habla y proteger los órganos productores de la voz.

Busque una postura equilibrada: de pie, con los pies en paralelo o sentado en una silla. En ambos casos, la zona lumbar debe estar recta, perpendicular al suelo.

También puede hacer el ejercicio tumbado con la espalda sobre una colchoneta, con las piernas flexionadas y los pies en el suelo. Esta postura coloca la zona lumbar en posición recta sobre la base y favorece la movilidad del diafragma.

1. Inhale profundamente con dilatación del diafragma; exhale luego contrayendo el diafragma. Este músculo abdominal actuará como un fuelle que aspira y empuja el aire.

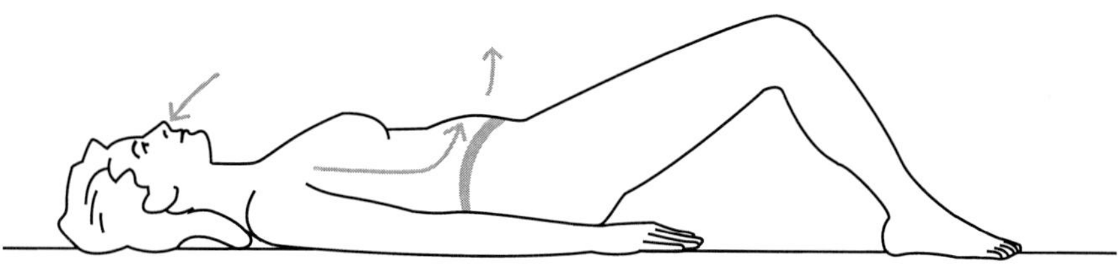

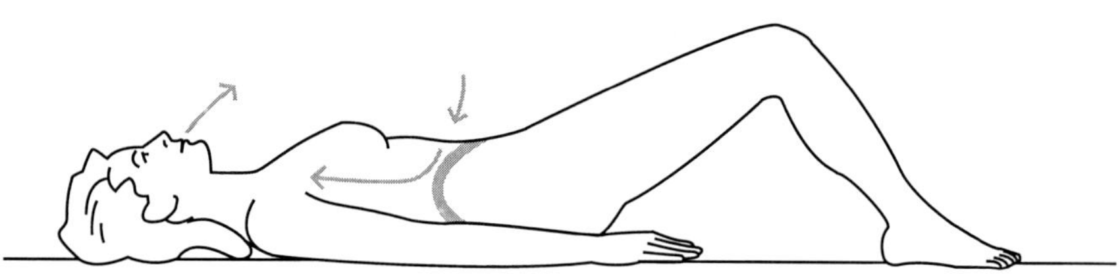

2. Repita el movimiento de inhalación y exhalación varias veces, colocando sus manos en la zona abdominal. Eso le ayudará a percibir y controlar su respiración. Es aconsejable que el aire entre por la nariz y salga por la boca.

3. Repita el movimiento de respiración ahora en tres fases: inhalación, mantenimiento del aire unos segundos, exhalación lenta. Puede pronunciar algún fonema sordo (*f* o *s* por ejemplo) para percibir la salida del aire.

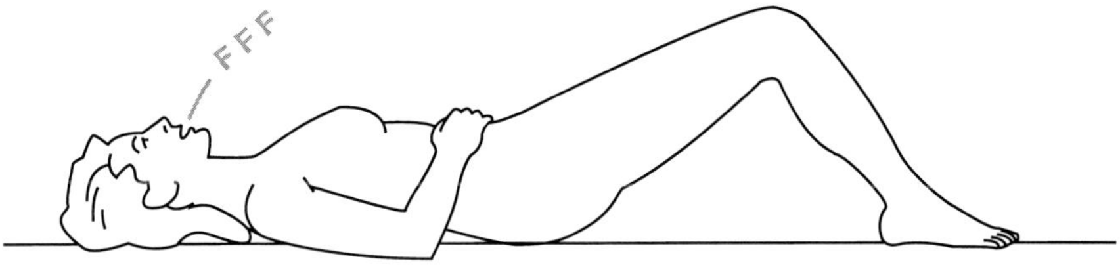

4. Repita el proceso anterior pronunciando palabras en voz alta de manera simultánea a la exhalación y cada vez más lentamente. (Elija libremente las palabras: días de la semana, meses del año, sílabas sueltas...)

5. Inicie de nuevo los tres movimientos respiratorios de manera lenta, ahora pronunciando números de manera simultánea a la exhalación. Intente disminuir la velocidad y alargar el tiempo de salida del aire. Compruebe cómo puede contar hasta un número más alto progresivamente en cada exhalación.

Puede hacer este ejercicio más de una vez al día y añadir variaciones, como aumentar el volumen en la pronunciación de las palabras o de los números. Le ayudará a ser consciente de sus movimientos respiratorios, a ampliar su capacidad respiratoria y a controlar el ritmo de su respiración.

FACTORES DEL HABLA QUE DEPENDEN DEL CONTROL DE LA VOZ

Hay aspectos muy importantes de la expresión oral que dependen de la voz:

- El volumen.
- La entonación.
- La velocidad.
- La articulación clara de los fonemas.

En los apartados siguientes nos detendremos en cada uno de ellos para ofrecer al final del capítulo unos breves consejos que ayudan a proteger y usar correctamente la voz.

El volumen

Hay que buscar el volumen adecuado para hacerse escuchar fácilmente y sin esfuerzo. Un volumen demasiado bajo provoca en el oyente un sobreesfuerzo de atención y el cansancio provocará que abandone la escucha. Un volumen alto se puede percibir como agresivo y puede llegar a intimidar. En cambio, un volumen medio consigue fácilmente que los oyentes escuchen con placer.

Nos ayudará a controlar el volumen tener en cuenta el tamaño del aula y la cantidad y la situación de las personas que en ella se encuentran. Hay que conseguir que el mensaje llegue con claridad a todos los rincones. Para que el alcance de voz sea efectivo, debemos pensar que el mensaje va dirigido hacia el estudiante ubicado en el lugar más alejado del aula.

Las variaciones del volumen son un recurso muy útil para enfatizar palabras o frases. Sin embargo, no debemos cometer un error frecuente que consiste en empezar las frases con un volumen adecuado e ir disminuyéndolo a medida que avanzamos, de manera que el final de la frase puede volverse imperceptible o adoptar un tono con el que la idea final parece carecer de importancia.

La velocidad

Hay que adecuar el ritmo del discurso al ritmo de comprensión que suponemos tienen los destinatarios –en función de la dificultad del contenido y su conocimiento previo del tema–. Si el ritmo es muy lento, el oyente se puede distraer, porque intercalará otros pensamientos en su proceso de comprensión. Si el orador es muy rápido, costará seguirlo y el oyente abandonará la escucha.

Para regular el ritmo del discurso es aconsejable moderar la velocidad en los momentos clave o de dificultad y hacer pausas que remarquen palabras o separen ideas. Las pausas son silencios hechos en momentos significativos y resultan muy útiles, porque permiten al orador respirar y al oyente pensar. El buen uso del silencio refleja seguridad y siempre capta o recupera la atención del auditorio.

La velocidad determina la fluidez del habla y refleja estados anímicos. Solemos acelerar en situaciones de tensión, a veces ocasionadas por un mal control del tiempo. Un ritmo demasiado rápido dificulta la comprensión y proyecta una imagen de nerviosismo. Hablar lentamente facilita la comprensión y proyecta una imagen de seguridad. La velocidad adecuada también hará más perceptibles las frases, porque nos permitirá articular cada sonido de la palabra. Eso, unido a la correcta pronunciación de los sonidos, resulta imprescindible para que los oyentes sigan sin esfuerzo el desarrollo de los pensamientos que queremos transmitir.

En el diálogo, el ritmo monótono, entrecortado o lento puede reflejar frialdad y rechazo al contacto, como si la persona quisiera mantenerse a la defensiva o simplemente evitar el contacto. Por el contrario, el ritmo vivo, animado y variable, con pausas que invitan a la réplica, transmite deseo de relación y placer por la conversación.

ACTIVIDAD 7 Control del ritmo del habla

Le proponemos un ejercicio de velocidad lectora muy útil como práctica de control de la voz.

1. Escoja un texto poético o narrativo que le guste.
2. Después de leerlo en silencio una o dos veces, grabe su lectura espontánea del texto en voz alta.
3. Mida la duración de la lectura grabada con el contador de su grabadora o con un cronómetro.
4. Haga una segunda grabación. Ahora debe leer el texto con una entonación enfática, una pronunciación muy marcada y pausas intercaladas entre los versos y al final de cada verso. Piense en las emociones que desea transmitir el poema e intente transmitirlas con su voz. Intente que la duración total de la lectura sea al menos un 50% más larga que la anterior.
5. Finalmente, escuche ambas lecturas y compárelas.

Autoevaluación:
Es difícil conseguir alargar mucho la duración de la lectura, porque tendemos a leer (y a hablar) demasiado rápido. Sin embargo, el ritmo más adecuado para una intervención en el aula se parece más a la segunda lectura. Si la escucha con atención, aquello que le podía parecer afectación cuando marcaba la entonación o la pronunciación no suena falso ni forzado, sino claro y fluido.

El timbre

Podemos definir el timbre como una característica física que se refleja en ciertas cualidades que dependen directamente de los tejidos del cuerpo, los cuales vibran al producirse el sonido. De la misma manera que el material con que se elabora un tambor o cualquier otro instrumento musical hace que se aprecien variaciones en la calidad del sonido, también distinguimos voces infantiles, maduras, de hombre o de mujer (aunque también, a veces, podemos llevarnos alguna sorpresa).

En la laringe es donde, propiamente, se produce la voz en su tono fundamental y sus armónicos; luego se amplifica y sufre una modificación en la caja de resonancia formada por la nariz, la boca y la garganta. La modificación consiste en el aumento de la frecuencia de ciertos sonidos y la desvalorización de otros, dando lugar al timbre de voz y a la calidad vocal, que son peculiares o característicos en cada persona.

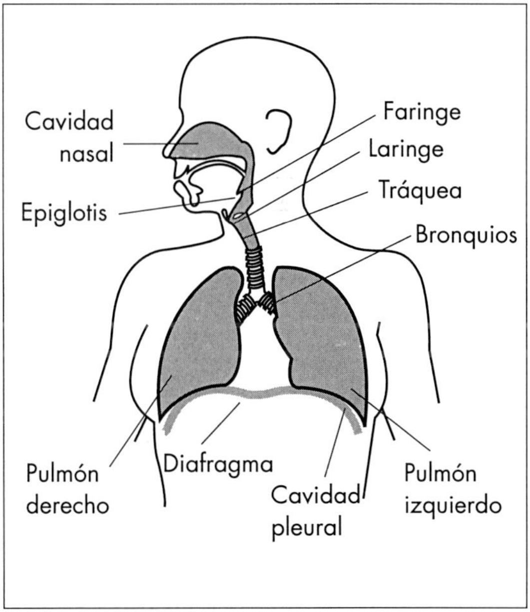

Aparentemente, el timbre es el rasgo de la voz menos educable, que menos se puede modificar a voluntad. Sin embargo, en una misma persona y en un mismo día puede sufrir ciertas variaciones. El estado anímico o físico se refleja en nuestro timbre de voz. Seguro que alguna vez ha recibido una llamada en domingo por la mañana y quien le llamaba ha adivinado que usted acababa de saltar de la cama. Un resfriado puede hacer que nuestra voz suene nasal; haber dormido poco o tener la garganta seca después de correr también cambia nuestro timbre de voz, en general empeorándolo, es decir, haciéndolo menos agradable al oído. En el extremo, una persona que hable con afonía transmite al oyente una impresión de dificultad y de sufrimiento que supone un gran obstáculo para la escucha.

El tono

El tono es la impresión que nos produce la frecuencia de vibración con que se manifiesta una determinada onda sonora. En el caso de la voz, la marca del tono (grave o agudo) viene dada por la cantidad de movimiento que se produce en las cuerdas vocales al emitirla, es decir, por su frecuencia de vibración. Cuantas más vibraciones se produzcan, más aguda será la voz, más alto será su tono. Por el contrario, cuantas menos vibraciones surjan de la laringe, lugar en que se genera la voz, más grave será el sonido resultante, más bajo será su tono.

El tono actúa en la expresión oral como una gran fuente de signos no verbales con gran poder de influencia en el receptor. Mediante el tono (de matices muy diversos) manifestamos actitudes y estados anímicos que influyen siempre en el receptor y en la interpretación que hará del mensaje.

Se suelen definir dos grandes grupos de tonos, graves y agudos. Parece que los tonos graves se relacionan con la neutralidad, la objetividad y los tonos agudos con ciertas expresiones más emocionales, como entusiasmo, sorpresa o lamento.

El tono es un reflejo emocional; a veces una emoción inhibida o incontrolada deriva hacia tonos agudos y puede llegar a ahogar la voz.

Unido al control de la velocidad y al volumen adecuado, el control del tono también permite evitar la monotonía con modulaciones distintas en una franja de variación que no nos requiera esfuerzo.

Es aconsejable partir de tonos graves para poder ascender con comodidad a tonos medios o agudos, para entonar de manera adecuada las preguntas, las expresiones de sorpresa, las exclamaciones...

Cualquier frase puede pronunciarse en una variedad indefinida de entonaciones que pueden agruparse en tres tipos generales: la enunciación, la interrogación y la exclamación. Sin embargo, esa clasificación, tan simple en la expresión escrita porque corresponde al uso de signos gráficos distintos, no refleja en absoluto la gran variedad de matices de la entonación. Un oyente puede distinguir fácilmente tonos que reflejan serenidad y objetividad de otros que expresan indignación, tristeza, ironía, sarcasmo, queja, acusación, etc. También es habitual cualificar algunos tonos y relacionarlos con pensamientos y sentimientos (véase el cuadro 4 en la página siguiente).

El hecho de variar el tono en función del significado de cada parte del discurso ayuda a mantener la atención de los oyentes. Por eso es muy útil *aprender a modular la voz*: subir y bajar el volumen, cambiar el ritmo, remarcar las palabras importantes... Jugar con la voz ayuda a dar énfasis, separar partes del discurso, diferenciar los datos complementarios de las ideas clave, resaltar las conclusiones... El tono cálido es aconsejable en saludos y despedidas; el tono seguro, para remarcar ideas clave o conclusiones; un tono alegre o más desenfadado, para explicar anécdotas...

Cuadro 4. Tono, actitudes y emociones

CALIFICATIVO ATRIBUIDO	SE RELACIONA CON...
SERIO	Autoridad, seguridad, control.
ALEGRE	Familiaridad, frivolidad, espontaneidad.
DULCE	Ingenuidad, inocencia, sinceridad.
CÁLIDO	Amabilidad, simpatía, acogida.
TRANQUILO O PAUSADO	Calma, seguridad, control de la situación.
REFLEXIVO	Comprensión, empatía, seguridad.
PERSUASIVO	Entusiasmo, resolución, convicción.
SUGESTIVO	Proximidad, proposición, invitación.
SEGURO	Convicción, seriedad, profesionalidad.

La pronunciación

Las vocales y las consonantes se producen por medio de las articulaciones de los distintos elementos de la boca, garganta, lengua, dientes, labios, paladar, etc. Una pronunciación clara es imprescindible para asegurar la comprensión del mensaje. ***Es necesario pronunciar todos los sonidos, todas las sílabas que conforman cada palabra de manera correcta.*** Omitir sonidos, aunque sean pocos, expone la comprensión de toda una frase y de toda una idea, porque el desconcierto que produce en el oyente le distrae de la escucha.

La velocidad nos puede llevar a hacer sinalefas (omisión de vocales) o a cambiar algunos sonidos. Para asegurar la claridad de la dicción, hay que evitarlas, como también la relajación de los finales de palabras. Y especialmente hay que prestar atención a ciertos cambios que, además de distraer al oyente, transmiten una imagen de desprestigio, porque corresponden a pronunciaciones incorrectas.

Algunos ejemplos de pronunciaciones incorrectas son los siguientes:

- *Correpto* por correcto.
- *Etivocado* por equivocado.
- *Calidac* por calidad.
- *Octurador* por obturador.
- *Argunos* por algunos.
- *Poblema* por problema.
- *Pograma* por programa.

El habla es una función motora, como caminar. Realizando ejercicios de gimnasia vocal se pueden tonificar y agilizar los órganos que intervienen en el habla para mejorar la dicción.

Si detecta que tiene dificultades en la articulación de algún fonema en concreto, es recomendable hacer ejercicios repitiendo a velocidad lenta palabras y sílabas que lo contengan.

Incluso si no tiene dificultades de pronunciación, ejercicios como lecturas enfáticas o trabalenguas resultan muy útiles para agilizar los movimientos bucales relacionados con la dicción.

La corrección en la dicción no requiere ocultar el acento de la variedad dialectal propia, que nos podría llevar a vacilaciones desaconsejables; simplemente hay que asegurar la claridad al máximo.

ACTIVIDAD 8 Articulación de sonidos

Los ejercicios de educación bucal sirven para fortalecer la musculatura bucal y facial y para corregir errores de la pronunciación. Deben hacerse en una postura equilibrada y relajada. Opcionalmente, puede usarse un espejo para comprobar los movimientos musculares externos. Los clasificaremos en tres fases: ejercicios musculares, articulación de sílabas y palabras y, finalmente, trabalenguas.

1.ª fase: ejercicios musculares

Consisten en movimientos de tensión y relajación de los diferentes músculos que intervienen en la articulación de sonidos. Aconsejamos repetir tres veces cada movimiento, de manera pausada.

1. Abra la boca al máximo y vuélvala a cerrar.
2. Con la boca abierta, mueva la mandíbula inferior hacia cada lado, adelante y atrás. Cierre la boca durante unos segundos.
3. Estire los labios al máximo, como si quisiera simular una sonrisa.
4. Una los labios como si diera un beso al aire. Estire los labios de nuevo lateralmente.
5. Muerda ligeramente el labio inferior con los dientes superiores y el labio superior con los dientes inferiores.
6. Abra la boca. Estire la lengua al máximo; luego, retírela con fuerza hacia el interior de la boca.
7. Mueva la lengua de adentro hacia fuera y en movimientos laterales y circulares.
8. Mueva los labios como si intentara enseñar las muelas de la derecha y después, las de la izquierda.

Estos ejercicios, hechos consecutivamente y con calma, fortalecen y relajan las zonas musculares que más utilizamos para hablar. En estas zonas se acumula la tensión en momentos de nervios y, por lo tanto, los ejercicios pueden servirnos para relajarnos antes de una intervención.

2.ª fase: articulación de sílabas y palabras

1. Pronuncie de manera enfática, si cabe exagerada, los siguientes encuentros de fonemas. Puede añadir sílabas con encuentros de consonantes que supongan cierta dificultad.

   - Crac - crec - croc.
   - Tres - tras - tris.
   - Bla - ble - blup.
   - Pla - ple - plop.
   - Gra - gro - gru.
   - Ris - ras - rec.
   - Dra - dro - drup.
   - Cla - cloc - cluc.

2. Pronuncie de manera enfática, con ritmo lento y volumen medio, las siguientes palabras:

- Crisis.
- Rastrojos.
- Deleznable.
- Agrupación.
- Crioterapia.
- Trasatlántico.
- Simétrico.
- Fijación.
- Trascendente.
- Horripilante.
- Tristeza.
- Potable.
- Satisfactorio.
- Condensación.
- Torbellino.
- Intercontinental.
- Gerundio.
- Tetraedro.
- Transparente.

Puede añadir palabras que le supongan alguna dificultad, ya sea porque contienen fonemas que le resulten más difíciles de pronunciar o porque son largas y contienen encuentros silábicos complejos.

3.ª fase: trabalenguas

1. Recuerde trabalenguas e intente pronunciarlos de manera fluida pero lenta. A continuación le ofrecemos algunos ejemplos:

Paco peco, chico rico,
consultaba como un loco
a su tío Federico,
y éste dijo: «Poco a poco
Paco peco, poco pico».

Qué rápido ruedan los carros
cargados de azúcar del ferrocarril.

Un tigre, dos tigres, tres tigres.
Tres tristes tigres comparten trigo en un trigal.

Paco compró pocas copas,
Y como pocas copas compró,
Pocas copas pagó.

El gerente diligente llamaba urgente al regente
Y un agente ágilmente vigilaba entre la gente.

CONSEJOS DE HIGIENE DE LA VOZ

La voz es un instrumento de trabajo para los profesionales de la docencia. Sin embargo, pocos profesores son conscientes de la necesidad de prestar atención a los órganos que intervienen en la producción de la voz. Otros profesionales, como los cantantes y los actores, dedican muchas horas de su formación y de su cuidado físico al control y al dominio de la voz.

En el cuadro 5 presentamos unos consejos que ayudan a evitar problemas de cansancio y de afonía.

Cuadro 5. Consejos para cuidar la voz

HÁBITOS POSITIVOS	HÁBITOS DESACONSEJABLES
• Mantener el cuerpo hidratado, bebiendo agua en abundancia. • Mantener los órganos fonatorios hidratados, con bebidas suaves, infusiones, caramelos... • Inhalar por la nariz y exhalar por la boca para evitar el resecamiento de la laringe, ya que las fosas nasales calientan y humedecen el aire. • Corregir las congestiones nasales para no tener que respirar por la boca. • Vestir ropa cómoda, que permita una buena circulación del aire en el cuerpo. • Hablar en una postura abierta y equilibrada, que permita un buen ritmo respiratorio.	• Ingerir bebidas alcohólicas o fumar, especialmente antes de una intervención oral. • Ambientes con atmósfera demasiado seca provocada por calefacciones y aires acondicionados. • Ambientes ruidosos que obligan a gritar para mantener una conversación. • Gritar o hacer esfuerzos en la zona del cuello al hablar. Para aumentar el volumen no hay que forzar la garganta, sino aumentar la potencia de salida del aire. • Aclarar bruscamente la garganta o carraspear. • Beber líquidos demasiado fríos, demasiado calientes o ácidos, porque son irritantes.

Además, para mantener una buena calidad de voz son aconsejables, en general, todas aquellas actividades que nos ayudan a mantener un buen estado físico: dormir bien un mínimo de siete horas diarias, alimentarse de forma sana y equilibrada, practicar algún deporte y evitar preocupaciones innecesarias.

La preparación de la intervención 5

EN ESTE CAPÍTULO:

Prestaremos atención a la etapa de planificación de las intervenciones orales en el aula. Encontrará algunos consejos para adecuarlas a la situación y elaborar un guión previo, entre los cuales destacan algunas ideas prácticas para empezar, desarrollar y acabar un discurso.

INTRODUCCIÓN

Nunca debemos confiar en nuestra capacidad de improvisación. Los oradores expertos saben que un buen discurso es siempre fruto de un proceso de planificación, un trabajo previo, en el que se pueden distinguir dos aspectos básicos: el análisis de la situación concreta en la que hemos de realizar la intervención y la preparación del guión del discurso.

En la actividad docente la planificación no puede limitarse a la preparación de las intervenciones en la clase, sino que debe tener en cuenta la dinámica de las actividades de aprendizaje de la sesión, además de su relación con sesiones anteriores y posteriores. Ahora bien, no debemos desestimar el recurso de aprovechar la unidad temporal que supone una clase para darle un enfoque de unidad temática o de acción. Si las sesiones tienen un comienzo atractivo y un final que las redondea, captan mejor la atención y producen más impacto en la memoria de los alumnos.

ANALIZAR LA SITUACIÓN

Antes de tomar decisiones sobre el contenido de una intervención, debemos dedicar unos minutos al análisis de la situación comunicativa. No hablamos igual ni de las mismas cosas en un aula ante un grupo de estudiantes que en una reunión del claustro, aunque se trate del mismo tema. Un discurso varía en función de la composición del público, del conocimiento que tengan del tema, de sus expectativas, del lugar y de la duración, entre otros factores.

Para preparar una clase debemos tomar decisiones para seleccionar la información necesaria, el grado de profundidad con el que abordaremos los contenidos y el lenguaje más adecuado para la ocasión. Especialmente si se trata de las primeras sesiones de un curso o de una intervención ocasional, nos será muy útil responder a las preguntas del cuadro 6. Después, a lo largo del curso, tener presentes estos factores sin duda nos facilitará la tarea.

Cuadro 6. Análisis de la situación comunicativa

RECEPTORES ¿QUIÉN ME ESCUCHARÁ?	¿Cuántos alumnos habrá? ¿Qué saben del tema? ¿Qué esperan de mi intervención? ¿Es un grupo homogéneo? ¿Qué tienen en común?
DOCENTE ¿CUÁL ES MI FUNCIÓN EN EL AULA?	¿Qué saben de mí? ¿Qué imagen tienen de mí? ¿Qué imagen quiero transmitir?...
OBJETIVO ¿QUÉ PRETENDEMOS?	¿Qué objetivo prioritario tiene mi mensaje? ¿Qué otros objetivos me gustaría lograr? ¿Qué debo evitar?...
CONTENIDO ¿DE QUÉ HABLAMOS?	¿Qué he de decir exactamente? ¿Qué no he de decir? ¿Cómo organizaré el contenido? ¿Qué ideas básicas quiero que no pasen desapercibidas?...
LUGAR ¿PUEDO OPTIMIZAR LOS RECURSOS DEL LUGAR?	¿Cómo es el aula? ¿Cómo estarán colocados los alumnos? ¿Podré cambiar la disposición de las sillas? ¿Dispondré de medios audiovisuales?
TIEMPO ¿PUEDO OPTIMIZAR EL TIEMPO?	¿Qué duración tiene la clase? ¿Está previsto hacer un descanso? ¿Qué momentos he previsto para las intervenciones de los alumnos?
ASPECTOS ORGANIZATIVOS ¿PUEDO PREVER ALGUNOS DETALLES?	¿Ha habido clases previamente? ¿Los miembros del grupo ya se conocen con anterioridad? ¿Puede ser que los asistentes estén cansados por alguna razón? ¿Tengo que pasar lista?

En esta fase es de suma importancia la actitud con la que abordamos el análisis de la situación. Una misma situación podría generar lecturas muy distintas, en función del filtro que suponen nuestras actitudes.

Comparemos las dos visiones siguientes:

Visión A

Haré clase con un grupo de alumnos nuevos; me consta que mi asignatura de ciencias es obligatoria y estos alumnos son de la opción de letras, por lo tanto, tienen poco interés en el tema. Como necesitan aprobarla, seguro que en su trabajo dentro y fuera del aula se regirán por la ley del mínimo esfuerzo y, si no estoy atento, me tomarán el pelo con las fechas de exámenes o de entrega de trabajos. Tendré que dejar muy claros ciertos aspectos desde el principio para no perder la autoridad.

Visión B

Todavía no conozco a estos alumnos. Espero que les interese la asignatura, aunque sean de la opción de letras. Tendré que demostrarles que los temas son útiles e interesantes y pensar en actividades atractivas para hacerles más fácil aprobar esta asignatura obligatoria. Quizás les falta nivel y necesitarán un poco de ayuda para comprender los contenidos más complejos. Tengo que estar atento a sus intervenciones y animarles a consultar todo lo que les parezca. Mi labor es ayudarles.

Lo quiera o no, toda la comunicación que establezca en el aula revela indicios relacionados con la percepción de la situación, con la relación que queremos establecer con los alumnos, con nuestro concepto de la función del docente... Una lectura positiva y optimista de la situación tiene muchas más probabilidades de conducir a la comunicación efectiva y a los objetivos de aprendizaje.

ACTIVIDAD 9 ¿Cuál es su lectura de la situación?

1. Piense en una futura intervención suya en su próxima clase o en una ocasión un poco nueva o especial. Intente expresar por escrito su percepción de la situación. Anote todas sus impresiones sobre las expectativas y el interés de los asistentes, el objetivo de su intervención, las posibilidades de éxito, las dudas o los temores.

2. Lea su descripción y valore si es lo bastante positiva para que usted pueda iniciar su intervención con suficiente interés por la ocasión, el tema y los participantes. Si no es así, valore si sus temores se basan en indicios objetivos o subjetivos. Intente alejar de su mente los prejuicios que le generen actitudes pasivas, cerradas o agresivas, porque suponen un obstáculo para la comunicación eficaz.

PREPARAR LA INTERVENCIÓN

En la preparación de un discurso son muy útiles los siguientes pasos:

1. *Delimitar el tema.* Escoger el contenido, el enfoque, recoger la información necesaria, seleccionarla... En estos momentos, no olvide que cualquier tema académico puede tener una extensión indefinida y que la información excesiva no lleva necesariamente a incrementar los aprendizajes de los alumnos.
2. *Preparar el esquema previo.* Buscar la estructura y escoger la mejor progresión temática para conseguir un discurso claro, ordenado y coherente. Será útil que distingamos las ideas principales de las secundarias, y así podremos encon-

trar el mejor lugar para cada una, en una progresión lógica que facilite la comprensión.

3. ***Realizar un guión breve.*** Preparar unas notas, frases cortas o palabras clave que nos recuerden qué hemos de explicar en cada momento. Un buen guión puede hacerse con fichas, para cada parte del discurso, o simplemente con anotaciones breves que nos ayuden a seguir con la intervención de la forma que nos habíamos propuesto. No hemos de caer en el error de querer memorizar todo o parte del discurso; la memoria falla muy a menudo. No tenemos que recordar las palabras, sino las ideas que, sin duda, nos ayudarán a encontrar las palabras adecuadas. Si necesita recordar alguna frase o algún dato, puede escribirlo en el guión.
4. ***Preparar los materiales necesarios.*** Si piensa dar alguna fotocopia o ilustrar la intervención con medios audiovisuales (diapositivas, transparencias, vídeos...), deberá dedicar un tiempo a prepararlos o buscarlos.

Recursos visuales

De la misma manera que un buen libro de texto suele contener ilustraciones, los recursos gráficos o visuales nos pueden ser de gran ayuda para *ilustrar* nuestra intervención. Recursos como el proyector de transparencias, el vídeo, el ordenador con proyector o, simplemente, la pizarra convencional cumplen una función complementaria en la transmisión de contenidos. No sólo transmiten lo que es difícil de comunicar con palabras, sino que dinamizan la intervención y evitan la monotonía.

Los recursos visuales captan la atención de los oyentes y, bien usados, aportan variedad y efectividad a una intervención. Un buen proyector de transparencias o un ordenador conectado a una pantalla nos permite mostrar gráficas, fotos, esquemas, mapas, dibujos... y comentarlos en grupo, sin necesidad de dar un ejemplar a cada alumno. También pueden resultar útiles para presentar el guión de la sesión, que puede ser de gran ayuda para introducir el tema y guiar la atención de los asistentes.

Es importante definir la función que deseamos que cumplan estos ilustradores en nuestra intervención. Alternar la palabra con la imagen favorece la atención. Sin embargo, el impacto de los recursos visuales o audiovisuales es tan grande que a veces pueden llegar a desviar la atención sobre los objetivos y los contenidos. Si quiere que sean un apoyo del mensaje oral, deberá decidir cómo usarlos y qué tiempo ocuparán. En alguna ocasión deberá elegir si su función es ser la voz en *off* de un contenido transmitido por métodos visuales o si, en cambio, usa las tecnologías para ilustrar y hacer más atractiva (y por tanto efectiva) su intervención.

Las acciones que se muestran en el cuadro 7 son recomendaciones referidas a la utilización de ayudas audiovisuales como soporte de una intervención oral y no como única actividad o fuente de intervención en una sesión.

Cuadro 7. Recomendaciones sobre el uso de soportes visuales

- Probar el funcionamiento de los aparatos antes del inicio de la sesión: así podremos prever imprevistos y pérdidas de tiempo.
- Procurar no tapar las proyecciones con nuestro cuerpo en nuestros movimientos en el aula.
- Procurar no dar la espalda al público cuando preparamos los aparatos o cambiamos las ilustraciones.
- Mostrar cada ilustración durante el tiempo suficiente y acompañarla de nuestros comentarios. No tiene sentido mostrarlas si no tenemos tiempo de comentarlas.
- No dejar pantallas o proyectores encendidos sin ninguna ilustración o con una ilustración ya comentada, porque robará la atención de los alumnos innecesariamente.

Finalmente, apuntaremos algunos riesgos del abuso de los medios audiovisuales en el aula. Si bien es cierto que son recursos de énfasis muy efectivos sobre partes importantes del discurso, si se utilizan en exceso pueden perder esa función: no podemos destacarlo todo y, al fin y al cabo, la capacidad de atención es limitada.

Por otra parte, el uso de medios audiovisuales puede provocar que el contacto entre los miembros del grupo que permite el aula quede muy reducido, porque reducen la interacción (se perciben individualmente). No podemos olvidar que nos hemos encontrado en clase para hacer cosas juntos. Si llegamos al extremo de dar en el aula a nuestros alumnos información que podríamos enviarles perfectamente por medio del correo electrónico, desaprovechamos las posibilidades de la actividad docente en la formación presencial.

ESTRUCTURA DEL DISCURSO

Presentar un mensaje estructurado es uno de los recursos más efectivos para conseguir la comprensión. Por tanto, una de las mejores estrategias para realizar un buen discurso, ya sea expositivo o argumentativo, es preparar una buena estructura y seguir el hilo que nos habíamos trazado.

Es cierto que en la realidad del aula podemos perder a veces ese hilo, ya sea por interrupciones imprevistas o por las preguntas o solicitudes de aclaraciones de los estudiantes. En esos casos, será necesario un esfuerzo de concentración, porque retomar la estructura ayuda a resituar tanto a quien habla como a quien escucha.

Comentaremos aquí la estructura ternaria que propone la retórica aristotélica y aplicable, con variaciones en cada parte, a la mayoría de discursos orales. Consiste en anunciar el tema, desarrollarlo y cerrarlo con una síntesis, lo que puede simplificarse en palabras sencillas de esta manera: «Di de qué hablarás, habla y di después de qué has hablado».

Según este esquema clásico, un buen discurso se compone de tres partes claramente diferenciadas:

- ***Introducción***: en que se presentan el tema y los objetivos de la intervención.
- ***Desarrollo***: en que se transmiten las informaciones en un cierto orden lógico.
- ***Conclusión***: en que se hace una síntesis final y se cierra la sesión.

La introducción y la conclusión han de ser breves. Los manuales de retórica moderna suelen aconsejar una duración de un 10% de la intervención para cada una de esas fases, de manera que el desarrollo ocupa el 80% del tiempo.

Queda claro que no somos conferenciantes ni profesionales de la oratoria política, pero acercar la preparación y el desarrollo de una intervención a este orden nos aportará muchas ventajas. La primera es la sensación de unidad y de discurso acabado que tendrá el receptor; la segunda, no menos importante, es que la estructura ternaria favorece la comprensión del mensaje, porque anuncia su contenido al inicio del discurso y lo cierra con una síntesis de las ideas más destacadas. De esta manera, el oyente prepara su mente para recibir el mensaje y retoma las ideas principales al final, de manera que se fijan mejor en su memoria.

En el aula, el tiempo dedicado al desarrollo puede incluir prácticas y ejercicios dedicados a las distintas partes de la información. En ese caso, la conclusión puede servir para transmitir una idea de cierre que ayuda a los participantes a recordar tanto los contenidos como los aprendizajes relacionados con las actividades de la sesión.

Una buena estructura muestra sus pistas al oyente, como si el discurso fuera un recorrido, con etapas, dibujado en un mapa con señales en algunos puntos. Ésa es la función que tienen expresiones como: «Empezaremos con...», «Como hemos visto antes...», «Una vez vistas las causas del declive económico de...», «Entraremos en...», «Y para terminar comprobaremos...».

Se trata de un recurso que la retórica clásica denominaba *dixi discursiva* (indicar lo dicho y lo que se va diciendo) y consiste en indicar y relacionar las partes del discurso; las expresiones que sirven para este fin se denominan *marcadores textuales*.

ACTIVIDAD 10 Preparación de una intervención breve

Imagine que ha invitado a su escritor favorito a realizar una conferencia dirigida a los alumnos de su centro. Prepare unas palabras para presentarlo a los asistentes. Intente que esa intervención breve tenga una estructura ternaria (introducción, desarrollo, conclusión).

Algunas pistas:

- *Introducción*: situación que le ha llevado a invitar al escritor.
- *Desarrollo*: algunas informaciones sobre la obra y la persona del invitado y referencia a aquello que, sin duda, nos puede aportar el escucharle.
- *Conclusión*: agradecimiento por la visita y deseos por empezar a escuchar sus palabras.

La introducción

Una introducción bien preparada favorece el éxito de la intervención por dos razones muy importantes:

- En el grupo, capta la atención y crea la expectación necesaria para mantenerla.
- En el docente, aporta recursos en un momento que suele generar inseguridad: el principio de cualquier intervención.

La introducción suele considerarse el momento más adecuado para delimitar el contenido, presentar la estructura de la intervención y justificar el interés del tema, pero a la vez es el momento clave para crear proximidad y generar empatía con el grupo. Y no lo olvide: no empiece la introducción antes de haber saludado al grupo.

Algunos ejemplos de buenos comienzos

Las ideas que se exponen a continuación ayudan a comenzar una clase o a introducir bien una intervención, porque captan la atención y crean expectativas.

Podemos escoger la más adecuada a nuestros intereses según la ocasión e incluso las podemos usar combinadas en una misma ocasión.

- *Definición*. Breve comentario sobre el título del tema. Por ejemplo, comentar la definición o posibles definiciones (etimológica, científica, popular...) de las palabras que forman el título del tema o de la unidad didáctica.
- ***Presentación de objetivos***. Explicitar los objetivos de la intervención motiva y centra la atención de los oyentes. Si los objetivos se formulan en términos pragmáticos son más sugerentes: «Podremos conocer algunos criterios para anali-

zar una película e incluso escribir una crítica cinematográfica para una revista...».

- *Presentación del guión*. Presentar el guión del tema o del trabajo aporta un hilo para que los alumnos vayan ordenando la información que recibirán o las actividades que realizarán. Es muy apropiado para discursos expositivos y para sesiones prácticas.
- *Preguntas*. Es una forma de anticiparse a las preguntas que seguramente tienen los alumnos sobre el tema. Los oyentes tratarán de responder mentalmente a la pregunta y esperarán que el profesor les ofrezca la respuesta.
- *Lectura mental*. Se trata de mencionar algunas preconcepciones que, hipotéticamente, tiene el auditorio, que pueden tener el mismo efecto que las preguntas: «Seguramente, muchos de vosotros pensáis que...». Después, podemos confirmar si esas ideas mencionadas cambian a partir de los datos o las ideas que aportaremos.
- *Documentación*. Alguna noticia o dato estadístico reciente relacionado con el tema que se presenta. Hay que escoger datos sencillos, fáciles de comprender. No hay que usar datos demasiado específicos; nadie puede retener cifras como 6.347.453 sin el tiempo necesario y una buena ayuda gráfica.
- *Afirmación provocadora*. Una opinión atrevida, un dato espectacular que después argumentaremos o justificaremos es una forma de crear expectativas a la audiencia mediante la sorpresa.
- *Anécdota*. Una historieta bien escogida o una anécdota personal, bien explicada, que contenga cierta intriga y conduzca al tema de la intervención. Debe ser breve y ha de estar relacionada con el tema para que no desvíe la atención.

El desarrollo

En el discurso didáctico, el orden de las ideas debe ser coherente con los modos de enseñar y aprender significativamente, que obedecen a una cierta lógica psicológica o a algún supuesto sobre la manera en que aprendemos, ya sea gracias a nuestras capacidades receptivas o por actividades que nos acercan al descubrimiento. Es decir, los modelos de comprensión y aprendizaje pueden guiar la progresión de las ideas del discurso y de la sesión. Sin embargo, eso no significa que haya un orden que pueda considerarse siempre más efectivo que otro. Según la ocasión y el objetivo, podemos optar por diferentes esquemas lógicos. A continuación se definen algunas posibilidades que pueden adaptarse al contenido o al objetivo comunicativo.

Progresión de las ideas

- *Deductivo*. De general a específico. Se comienza con una idea general, que se desarrolla luego presentando casos particulares, detalles concretos, ejemplos, etc.
- *Inductivo*. De específico a general. Se presenta primeramente la información de casos concretos, para llegar a la idea general que explica toda la información anterior y que funciona como conclusión.
- *Analítico*. Un tema se descompone en partes o aspectos diferentes que se tratan con cierto orden.
- *Dialéctico*. Se plantea a partir de una relación de conceptos o fenómenos opuestos (individuo/sociedad, conciencia/inconsciencia, naturaleza/sociedad...). Corresponde a un esquema donde tesis y antítesis se fusionan y resuelven en una síntesis. Se aplica generalmente al estudio de procesos históricos y cambios sociales.

- *Relaciones casuales*. La ordenación viene determinada por una relación lógica entre las diferentes partes del discurso. La más frecuente es la relación causa-efecto en algún fenómeno natural o social. A veces se hacen evidentes en la relación entre el planteamiento de un problema, la exposición de causas, consecuencias o riesgos y una posible solución.
- *Holístico*. Es la forma integral de observar un acontecimiento, fenómeno o situación, que se observa y evalúa desde diversos parámetros. Es el estudio del todo, relacionándolo con sus partes pero sin acabar de separarlas. Recibe también el nombre de *enfoque globalizador*.
- *Temporal*. Se usa generalmente para narrar hechos o acontecimientos. El orden temporal lógico consiste en ordenarlos cronológicamente. Sin embargo, también pueden hacerse saltos en función del objetivo, por ejemplo, explicar cómo se ha llegado a una situación explicándola antes de haber descrito sus antecedentes.
- *Espacial*. Se usa para describir espacios u objetos en cierto orden lógico: de general a específico, de derecha a izquierda, de arriba abajo...

En el desarrollo del tema no debe abusarse de datos y detalles, porque podrían llegar a ocultar los aspectos fundamentales. Los criterios de economía en la selección de la información favorecen la comprensión. Además, la clase puede incluir espacios de tiempo en que el docente puede confirmar los aprendizajes y los estudiantes pueden solicitar aclaraciones. Eso hace que resulte inútil agotar todos los datos con un discurso exhaustivo que seguramente resultará pesado y monótono.

La elección de los datos debe hacerse teniendo en cuenta las necesidades de los alumnos. Si el mensaje contiene mucha información nueva o desconocida, tendrán dificultades para asimilarlo. Si contiene mucha información superflua, no generará interés. Para agilizar el desarrollo podemos combinar aspectos teóricos con ejemplos, datos, comparaciones o anécdotas, incluso algún toque de humor que convierta la escucha en algo agradable. Esos recursos expresivos, explicados con más detalle en el capítulo 8, cumplen dos funciones esenciales: favorecen la comprensibilidad y aportan énfasis a las ideas clave.

Otro aspecto importante es el equilibrio entre las distintas partes (subtemas, aspectos, apartados...). Debemos evitar extendernos mucho en un punto y pasar apresuradamente por otro que tenga importancia similar.

La conclusión

Esta tercera parte del discurso tiene tres funciones básicas:

- Cerrar el discurso.
- Sintetizar las ideas principales y ofrecer una visión global del mensaje.
- Dejar una buena impresión final en las personas que nos han escuchado.

Una buena conclusión enlaza con las ideas del inicio del discurso; es la manera de mostrar que hemos encontrado respuestas a la pregunta inicial o hemos conseguido los objetivos que habíamos anunciado. La conclusión tiene un efecto determinante en la fijación de contenidos: ayuda a recordar las ideas principales, a resituar ejemplos o datos, a abrir nuevas perspectivas sobre algún tema u objetivo. Dar por acabada una intervención de manera inesperada, por una interrupción o por una mala gestión del tiempo supone desaprovechar esas posibilidades. Por eso, cuando comprobamos que no tendremos tiempo de hablar sobre todos los puntos que nos habíamos propuesto, es mejor saltarse alguno antes que prescindir de la etapa de conclusión y cierre.

A continuación enumeramos algunos riesgos que deben evitarse en esta fase final. Es desaconsejable:

- Anunciar la conclusión de manera reiterada antes de hora con señales verbales (*finalmente, en conclusión, para acabar...*), porque puede generar ansiedad y desinterés.
- Caer en la tentación de hacer un segundo discurso acerca de una idea secundaria que sólo se ha mencionado, porque rompe el hilo del discurso.
- Incluir detalles innecesarios. Es el momento de resumir los puntos principales ahorrando datos demasiado concretos.
- Usar soportes visuales o leer un texto. Es mejor pronunciar de viva voz las remarcas finales, así podrá usar el contacto ocular para conseguir el clima adecuado y aprovechar la fuerza de la comunicación oral cara a cara.
- Ser descortés. No se olvide de agradecer la atención o de invitar a los alumnos a participar con una pregunta o una opinión breve, según el tiempo de que disponga.

Algunos ejemplos de buenos finales

La conclusión puede incluir contenidos como los que propone el cuadro siguiente, que ayudan a tener una visión global y motivan para continuar aprendiendo sobre el tema desarrollado. Las opciones que se proponen a continuación no son excluyentes.

- ***Resumen***. Una breve revisión de los puntos más importantes tratados durante la sesión. Ayudará a los oyentes a tener una visión global del mensaje.

- ***Preguntas abiertas***. Interrogantes relacionados con los temas tratados, generalmente apuntando al futuro. Invitan a los oyentes a buscar la respuesta.
- ***Soluciones***. Diferentes vías de actuación como posibles alternativas a un problema planteado, dando importancia a aquéllas que guardan más coherencia con el mensaje expuesto.
- ***Invitación a la acción***. Especialmente si piensa proponer prácticas o lecturas relacionadas con la sesión, es aconsejable acabarla animando a los estudiantes a hacerlas.
- ***Anuncio del contenido de la próxima clase***. Avanzar el contenido de la próxima sesión ayuda a tener una visión global del curso y puede ser un recurso de motivación, especialmente si en la próxima sesión tendrá respuesta alguna cuestión planteada en la que termina.

ACTIVIDAD 11 Notas previas

1. Prepare las notas previas de la intervención que había escogido para la actividad 9. Para hacerlo, relea los apartados dedicados al inicio, al desarrollo y a la conclusión en el capítulo 5. Escoja alguna de las ideas que sugieren para empezar y acabar la intervención.

2. Una vez hecho el guión de la intervención, responda mentalmente a las preguntas siguientes. Si la respuesta a la mayoría es *Sí* su guión tiene muchas probabilidades de ser la ayuda que necesita para una intervención eficaz.

PREGUNTAS RELACIONADAS CON EL GUIÓN DE LA INTERVENCIÓN	SÍ	NO
¿La introducción presenta el tema y la estructura de la intervención?		
¿Puede dividir claramente el guión en tres partes?		
¿Identifica fácilmente un cierto orden lógico en las ideas?		
¿Puede resumir la idea clave de todo el discurso en una o dos frases?		
¿Identifica claramente qué ideas secundarias son indispensables para apoyar la idea clave?		
¿Ha previsto algún recurso motivador para cada parte del discurso? ¿El guión contiene palabras clave que le servirán para recordar partes del discurso?		
¿La conclusión responde a interrogantes implícitos o explícitos?		
¿En la conclusión se expresa implícita o explícitamente cómo desearía que opinaran o actuaran las personas que le han escuchado?		
¿El guión que piensa usar durante la intervención tiene menos de 20 palabras?		

Tipos de discurso

6

EN ESTE CAPÍTULO:

Conocerá las características de los principales géneros de discurso monologado que se producen en un aula, además de consejos para prepararlos y realizarlos de manera eficaz.

INTRODUCCIÓN

Aunque en el aula podríamos encontrar numerosos tipos de discurso, si nos centramos en el discurso monologado del docente, los géneros discursivos más frecuentes son exposiciones, argumentaciones e instrucciones. En los apartados siguientes relacionaremos sus respectivas características con algunos consejos.

EXPOSICIONES

La lingüística define las exposiciones como discursos (orales o escritos) que tienen el objetivo de transmitir información. Lo que se entiende coloquialmente como las *explicaciones de clase* suelen ser exposiciones orales de temas, fenómenos, ideas o datos en un cierto orden. Sin embargo, en el contexto de la enseñanza, ***una exposición*** no cumple sólo el objetivo de transmitir información, también la explica, es decir, ***pretende facilitar la comprensión de los contenidos y sus relaciones lógicas***. Desde este punto de vista, exposición y explicación pueden usarse como sinónimos si entendemos que se refieren al discurso didáctico, que además de mostrar pretende demostrar.

En consecuencia, para conseguir hacer buenas explicaciones, deberemos buscar recursos para facilitar la comprensión de la información. Por ello, cobra especial importancia la progresión con qué se presentan las ideas, como hemos comentado en el apartado dedicado al desarrollo como parte del discurso. Podemos entender que una explicación reúne datos que responden a una pregunta implícita o múltiples preguntas que los estudiantes podrían hacerse sobre un tema y que constituyen el análisis del tema. El orden con que reciben las respuestas constituye la estructura, que debe contribuir al proceso de comprensión de las partes y de la globalidad.

Las estructuras que van ***de general a específico*** –esquemas deductivos– se suelen recomendar en situaciones en que informar es el objetivo prioritario. Usamos un esquema deductivo cuando presentamos las ideas principales al principio y las completamos después con datos y ejemplos (análisis).

La estructura convencional de una noticia –paradigma del género informativo– suele tener una progresión temática que se inicia con la información principal, recogida en los titulares y en la cabecera, y va ampliando la información a lo largo del texto. Es lo que se entiende por *estructura de pirámide invertida*, también muy recomendada para los informes orales de empresa, en que el conocimiento previo de las conclusiones supone una guía para la comprensión de las informaciones que contienen.

No obstante, los esquemas inductivos ***–de particular a general–*** suelen resultar muy útiles en el contexto didáctico, porque el oyente (alumno) llega a las conclusiones a medida que avanza el discurso. De esta manera podemos suponer que su actividad mental en la escucha es más intensa y, por lo tanto, también su nivel de comprensión será más profundo. Parece más adecuado el esquema inductivo cuando pretendemos que el alumno no sólo conozca sino que también comprenda y retenga un contenido determinado.

Por otra parte, el orden en que se presenta cada información puede variar según el contenido del mensaje, que puede guiar también la lógica de las divisiones que podemos hacer en él. Incluso podemos entender que, dentro de una explicación, caben subestructuras que adoptan órdenes y esquemas lógicos distintos.

Un aspecto muy importante en la preparación de este tipo de intervención es la ***selección de la información***. El profesor deberá tener muy presente la relación entre conocimientos previos e información nueva y encontrar un equilibrio para dosificarla de manera que ninguna parte del discurso resulte demasiado densa o compleja, ni tampoco superflua o banal, porque en ambos casos se produce un obstáculo en la atención y el aprendizaje.

Una de las estrategias más útiles para aproximar los contenidos nuevos a los destinatarios es tener en cuenta sus conocimientos previos y su entorno inmediato, con referencias a clases anteriores, ejemplos de su realidad cotidiana, preguntas para explorar conocimientos o demandas para que los alumnos participen con preguntas o ejemplos concretos.

También hay recursos retóricos que ayudan a mantener la atención y facilitan la adquisición de nuevos contenidos y conceptos. Algunos de los más usados en los discursos informativos son muy conocidos en la enseñanza, como los ejemplos, las comparaciones, la analogía, la repetición, etc., que definimos y comentamos en el capítulo 8.

El profesor deberá marcar de diversas formas la dinámica del discurso de manera que vaya guiando el camino del oyente a un ritmo que ayude a la comprensión. Acumular contenidos sin usar estrategias de comprensibilidad puede generar en los alumnos una sobrecarga mental que les lleve a desconectar. En las explicaciones, ese riesgo puede atenuarse con el uso de paráfrasis, recapitulaciones, síntesis y anticipaciones que ayuden al oyente a retomar el hilo y a mantener una visión de conjunto. Estas estrategias que aclaran, recuerdan, centran la atención... se basan en una dinámica de empatía del orador hacia los oyentes: el docente se coloca en el punto de vista del receptor y ofrece ayuda en los momentos en que cree que la información puede resultar más nueva o más compleja para los estudiantes.

La lengua del discurso expositivo

La lengua más adecuada para el género expositivo debe ser neutra, precisa y accesible. Ahora bien, como a menudo nos informamos en textos escritos antes de nuestras sesiones, corremos un nuevo riesgo: complicar el lenguaje de nuestra intervención por la influencia de la prosa técnica. Es necesario seleccionar el vocabulario por su claridad y ofrecer definiciones de los términos más especializados o abstractos. Se requiere también usar conectores lógicos que cohesionen el discurso mediante relaciones claras entre las ideas (*así como*, *porque*, *en consecuencia*, *no obstante*, *en cambio*...), además de marcadores textuales entre las distintas partes de la explicación (*en primer lugar*, *en segundo lugar*, *por otra parte*, *finalmente*, *en conclusión*...).

ARGUMENTACIONES

Se denominan *argumentaciones* los discursos que tienen el objetivo básico de argumentar una opinión con la intención de compartirla con la audiencia. Muchas de las intervenciones formales o informales del docente en el aula responden a las características de un discurso argumentativo. Además, las argumentaciones en el aula pueden surgir de manera espontánea entre los alumnos, que a menudo expresan una opinión o piden al docente que argumente sus afirmaciones en situaciones de cierta controversia.

Es cierto que conseguir que los otros entiendan nuestra opinión es importante para hacer comprender nuestras ideas pero, en general, expresamos nuestra opinión con el anhelo de convencer, es decir de incitar al destinatario a pensar o actuar de manera similar a la opinión expresada. Las argumentaciones no tienen como objetivo el transmitir datos, aunque pueden contenerlos. Si revisamos las definiciones del discurso argumentativo de la retórica clásica y de la lingüística moderna, podemos afirmar que los autores coinciden en el objetivo de influir en el público, en sus creencias, conocimientos, valores y actitudes, objetivos que también corresponden a la actividad docente.

La capacidad de convencer depende de:

- La claridad con que exponemos nuestro punto de vista y la habilidad de compartirlo con la audiencia.
- La autoridad y la eficacia de los argumentos.
- La progresión lógica de los argumentos.
- La credibilidad que inspira nuestra persona y nuestro discurso.

En el aula expresamos opiniones en numerosas ocasiones, ya sea porque organizamos parte de los contenidos en forma de argumentos alrededor de una tesis, porque transmitimos y justificamos las opiniones de otras personas o bien porque los alumnos solicitan nuestra opinión acerca de algunos temas relacionados con la materia.

Argumentar sirve además para ayudar a comprender e interpretar los contenidos didácticos, no con la intención de proporcionar datos a los alumnos, sino con la pretensión de influir en su percepción de la realidad y motivar hacia la materia y el aprendizaje en general.

Estructura de la argumentación

El contenido de un discurso argumentativo suele dividirse en dos tipos de ideas:

- La tesis (opinión o propuesta).
- Los argumentos en los que se basa.

El orden de exposición de los argumentos y las estructuras lógicas subyacentes configuran la estructura del discurso argumentativo, que puede ser variable: puede hacerse una afirmación y justificarla después, se puede situar la tesis en medio de dos tipos de argumentos o dejar la tesis para el final.

Escoger una buena estructura es básico para convencer. Parecer que el orden más aconsejable de presentación de las ideas es aquel que provoca que el oyente mismo llegue progresivamente a la tesis, que cumplirá la función de conclusión. Se trata de una *estructura de tipo inductivo*, que formula la propuesta final una vez que se han expuesto todos los argumentos. Permite a los otros llegar a conclusiones propias.

Este tipo de estructura tiene tres fases (esquema 2):

Esquema 2. Fases de la argumentación

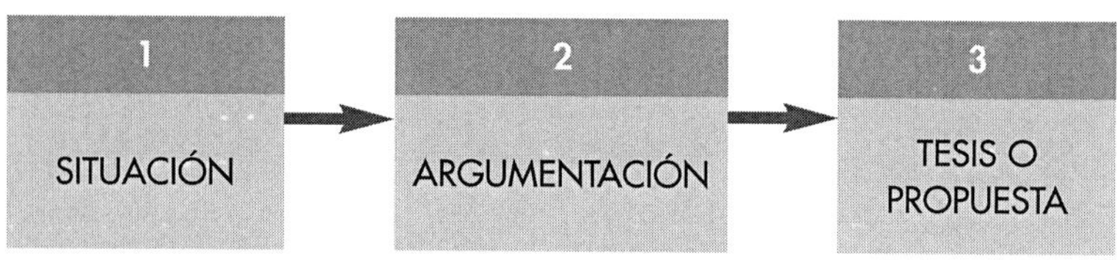

Fase 1. Situación

Es el punto de partida o premisa inicial. Puede tratarse de la descripción de un fenómeno, de la constatación de un problema o del anuncio de un objetivo.

En este momento, es esencial comprender el punto de vista de los oyentes e incorporarlo en la exposición de la situación, poniendo énfasis en visiones o valores compartidos, porque si los alumnos comprenden bien el planteamiento inicial, habremos realizado un primer paso, compartir el punto de partida. Esto facilitará que las partes posteriores del discurso resulten convincentes. Si el público no comparte la misma interpretación de la realidad que el orador, no verá ningún motivo para aceptar los argumentos y las propuestas posteriores. La presentación de la situación, especialmente si se trata del análisis de un problema, puede también anunciar el objetivo final.

Fase 2. Argumentación

Es la base del discurso argumentativo, decisiva para la aceptación de la tesis. Consiste en la exposición del conjunto de argumentos que se dan a favor de la propuesta y la justifican. Pueden ser de diferentes tipos e incluso referirse a posturas contrarias para refutarlas (contraargumentos); es determinante que se ordenen de una manera lógica para conducir el discurso a la conclusión.

Aunque la intención del discurso argumentativo no es demostrar la veracidad de una información, cuanto más lógica y razonable parezca la relación entre los argumentos, más convincente resulta. Un tipo de presentación de argumentos es el análisis de causas de un problema. Cada causa tendrá una solución y el conjunto de estrategias que se ha de seguir será la propuesta o tesis final.

Fase 3. Tesis o propuesta

Es el punto de llegada, síntesis y conclusión que conduce a la tesis, idea o solución en la que queremos implicar a los oyentes. Independientemente de si ha sido anunciada al principio, o formulada al final, después de analizar la situación y de presentar los argumentos, suele presentarse como algo necesario de aceptar y compartir.

Es muy importante hacer explícita la tesis, de manera clara y enfática en un momento destacado del discurso o incluso más de una vez, ya que se trata de la idea clave.

Tipos de argumento

- *Autoridad*. Citar ideas, investigaciones o palabras de alguien reconocido o cualificado para presentar una afirmación como validada por una autoridad. Puede tratarse de una persona que se supone de prestigio desde el punto de vista de los destinatarios, aunque también puede ser imprecisa: «Los médicos suelen aconsejar...». Incluso puede basarse en la autoridad propia, es decir, el docente se puede mostrar como experto en la materia, ya sea porque conoce las fuentes en que basa un argumento, por su experiencia o simplemente por la autoridad que le confiere su función.
- *Presentación de modelo*. Presentar modelos de actuación como positivos o beneficiosos y, por lo tanto, imitables. Puede consistir en la definición de un prototipo («Un buen alumno haría...», «Un buen ciudadano sabe...») o bien apelar a una cierta coherencia de conducta («Si quieres que te escuchen, aprende a escuchar»), con una suposición lógica basada en la incompatibilidad de una actuación con una conducta considerada modelo.
- *Universalidad*. Argüir que una gran mayoría estaría de acuerdo con determinada idea. Sirve para dar peso a un argumento, porque parece difícil pensar que la mayoría se equivoca. No obstante, esta estrategia suele caer en generalizaciones ambiguas y poco demostrables. Tampoco es aconsejable para cuestiones éticas, porque la moral no es universal.
- *Ejemplos*. Hechos reales, concretos y demostrables que permiten hacer una afirmación o generalización. Es recomendable que no se refieran a experiencias personales o muy particulares.
- *Metáfora o comparación*. Relaciones de comparación entre dos conceptos que mantienen alguna característica común.

Puede entenderse como el desarrollo de un ejemplo e incluso puede funcionar como una relación lógica condicional, parecida al argumento de deducción. «Si X funciona de esta manera y demuestro que se parece a Y, entonces Y funciona de manera similar».

- *Analogía.* Manifestar que una realidad es equivalente, similar o paralela a otra más clara y conocida puede ayudar a demostrar una idea. Explicar una situación sirve para justificar también la segunda. Por ejemplo, buscar las relaciones entre el funcionamiento de un equipo en cualquier deporte puede ayudar a demostrar que el trabajo en equipo en el ámbito académico consigue mejores resultados que el trabajo individual.
- *Relación causa-consecuencia.* Demostrar las causas de un problema es el primer paso para proponer soluciones. También es cierto que si las consecuencias de un hecho se consideran beneficiosas, se tiende a pensar que también lo son las acciones que lo han provocado. Si se puede demostrar, por ejemplo, que las personas que tienen el hábito de leer escriben mucho mejor que las que leen poco, no sólo podemos afirmar que leer ayuda a escribir bien, sino que también podremos presentar la lectura como una práctica aconsejable para mejorar la expresión escrita.
  El efecto de este tipo de argumento se intensifica cuando las fuentes parecen fiables y se basan, por ejemplo, en estudios científicos o encuestas serias.
- *Deducción lógica.* Enunciados que establecen relaciones lógicas, a partir de premisas ciertas o demostrables o simplemente convincentes. Suele representarse por una fórmula dual («Si X es cierto, entonces Y también es cierto») o bien en forma de silogismo («Si X entonces Y; si Z, entonces Y, también X entonces Z»).

La validez de la deducción depende de la validez de la premisa previa, aunque a menudo la relación se presenta como objetiva sin serlo.

Comparemos los dos ejemplos siguientes:

a) La planta del trigo muere unos días después de germinar si está en una habitación a oscuras; por lo tanto, necesita luz para desarrollarse.

b) Si los alumnos no me escuchan es porque el tema no les interesa.

La segunda deducción no se basa en premisas objetivas sino en una hipótesis. Las causas de la falta de atención de los alumnos pueden ser otras ajenas al desinterés por el tema.

- *Contraargumentos*. Refutar con cierta lógica las posibles objeciones o los argumentos de la opinión contraria no sólo resultan convincentes, sino que aportan autoridad, porque demuestran que hemos tenido en cuenta todas las implicaciones del tema, incluidos otros puntos de vista distintos al nuestro.
- *Datos concretos*. Toda información concreta y empíricamente observable aporta fiabilidad y comprensibilidad a cualquier idea. Cifras, datos comparativos, documentos o testimonios directos pueden ser muy convincentes. Si una tesis se puede demostrar con investigaciones fiables, gana credibilidad ante los oyentes.
- *Objeciones* (*Sí, pero...*). Consiste en afirmar que es cierto un detalle parcial de la opinión contraria, para pasar después a rechazar su tesis principal basándonos en algún aspecto que no ha tenido en cuenta la otra postura. La conjunción adversativa *pero* produce un efecto cancelador de la idea enunciada inmediatamente antes.

La lengua del discurso argumentativo

El discurso argumentativo permite el uso de una lengua subjetiva, con algunas marcas de juicio subjetivo, como adjetivos o adverbios de significado relativo (*enorme*, *interesante*, *lejos*, *solamente*, *demasiado tarde*...) o expresiones como *creo*, *opino*, *me parece que*, *en mi opinión*...

Otras características de la lengua de este tipo de discurso son los indicios de las relaciones entre ideas que ha ido construyendo el orador (*porque*, *en consecuencia*, *no obstante*, *sin embargo*, *además*...) y de un cierto estilo de diálogo negociador en que se percibe la presencia de los oyentes en la pronunciación de los argumentos (*escuchad*, *comprenderéis*, *como sabéis*, *seguro que conocéis*...).

Es necesario usar un tono respetuoso, tanto con las palabras como con la voz. Un discurso de tono impositivo, agresivo, descortés, difícilmente resultará convincente, porque probablemente creará estados emocionales de bloqueo o reacciones de defensa.

Tampoco son convincentes los discursos que se limitan a transmitir datos fiables y demostrados. La objetividad ayuda a reforzar los argumentos, especialmente los que se basan en datos o informaciones comprobables, pero no convence por sí misma. Se convence antes por el sendero de las emociones que por el camino de la razón.

INSTRUCCIONES

Las instrucciones son mensajes de función conativa, es decir, apelan al oyente y esperan de él o ella una acción determinada. Los consejos y las sugerencias son instrucciones, así como las normas de presentación de un trabajo o los enunciados de muchos ejercicios. En el aula, el docente transmite instrucciones y los alumnos las siguen, de acuerdo con la atribución de funciones y responsabilidades. El carácter de ayuda, consejo u orientación que tienen las instrucciones docentes y sus estrategias comunicativas de cortesía pueden atenuar el sentido impositivo que suelen tener este tipo de mensajes, que pueden ser origen de tensión y conflicto.

Las instrucciones son un tipo de discurso difícil de elaborar y fácil de evaluar. Imaginemos que tenemos que dar las instrucciones de un juego. Comprobar que los jugadores han entendido las reglas sólo requiere observar cómo juegan la primera partida. Las instrucciones tienen como objetivo que el interlocutor comprenda perfectamente qué debe hacer y cómo, si quiere o debe seguirlas. Como discurso, las buenas instrucciones se distinguen por su lenguaje preciso y su estructura ordenada.

Las actividades que proponemos en clase suelen ir precedidas de instrucciones orales y, a menudo, comprobando la reacción de los alumnos, podemos percibir que no eran suficientemente claras. Un ejemplo de estructura eficaz en las instrucciones de cualquier actividad es la siguiente:

- Presentación de los objetivos finales (que puede incluir los beneficios o ventajas que aportará la actividad).
- Instrucciones de realización ordenadas por etapas cronológicas (pasos que se han de seguir).
- Alusión al resultado esperado, que permita comprobar el éxito en el proceso seguido, tanto al hablante como al oyente.

En las situaciones de cierta formalidad, las instrucciones siempre van acompañadas de fórmulas de cortesía (*por favor, le importaría, si no le importa, le agradeceré que…*). El motivo es que transmitir instrucciones conlleva el riesgo de intimidar al interlocutor, herir susceptibilidades o incluso de generar agresividad. A veces ignoramos este fenómeno con nuestros alumnos. Entramos a clase sin un saludo y con una orden en los labios: «Sentaos en vuestros pupitres, empezamos», «Abrid el libro por la página 27», «¡He pedido silencio!». No es extraño que la relación entre maestros y alumnos pueda ser conflictiva.

Ciertas fórmulas de cortesía ayudarán a mostrar un trato respetuoso que repercutirá, sin duda, en las relaciones del aula.

Veamos unas frases de tono distinto a las anteriores que pueden conducir a los objetivos deseados:

- Buenos días, ¿cómo estáis?
- ¿Qué os parece si empezamos?
- Por favor, id volviendo a vuestros pupitres.
- ¿Preparados para comenzar?

Además de usar fórmulas de cortesía (*por favor, si no os importa...*), es aconsejable evitar el tono impositivo que produce el uso del imperativo directo. Es mejor usar expresiones de instrucción indirecta como las siguientes:

- Hoy os propongo...
- Al principio, deberéis...
- Os aconsejo que...
- Os sugiero que...
- Es mejor que...
- Cuando lleguéis a este punto, encontraréis...
- Necesitamos un poco de silencio...
- Alguien deberá tomar notas...
- El plazo de presentación acaba...
- Os agradeceré que...

Incluso podemos usar estrategias de instrucciones implícitas, por ejemplo:

- Es importante que lleguéis puntuales...
- Si habláis todos a la vez, no podré escucharos...

ACTIVIDAD 12 Instrucciones sin imperativos

Le invitamos a preparar una intervención para proponer y organizar una actividad en grupo en el aula. La actividad deber reunir una condición importante, incluir al menos tres fases de realización:

1. Un ejercicio individual.
2. Un trabajo en pequeño grupo.
3. Una puesta en común.

Aunque para preparar su intervención bastaría con unas notas, esta vez le sugerimos que escriba las instrucciones de manera casi literal para que pueda comprobar si ha conseguido hacerlo con una nueva condición: no usar en ellas ningún verbo imperativo.

¿Lo ha conseguido? ¿Cuántas veces ha reformulado una frase para evitar el imperativo? ¡Sin duda, es una buena práctica!

El lenguaje

7

EN ESTE CAPÍTULO:

Conocerá recursos lingüísticos y estilísticos para conseguir que sus discursos sean adecuados, claros y correctos. También encontrará consejos para hacer un buen uso de la lengua y explicaciones sobre algunos errores lingüísticos bastante frecuentes.

INTRODUCCIÓN

A menudo se relaciona lengua oral con situaciones informales y con los usos más coloquiales de la lengua y el código escrito con los registros más formales. Sin embargo, esta relación no es siempre directa. Hay muchas situaciones formales que exigen un uso del código elaborado de la lengua oral: entrevistas y reuniones profesionales, clases, conferencias, intervenciones en seminarios y debates públicos, discursos de inauguración o de clausura de actos...

El uso de la lengua oral en el aula se inscribe en las situaciones de cierta formalidad: se trata de una comunicación profesional, alrededor de temáticas de una cierta especificidad, con objetivos pragmáticos, que requiere precisión, cierta coherencia de estilo y corrección en el lenguaje.

El uso de la lengua en el aula no es totalmente espontáneo, porque permite –y requiere– cierta elaboración previa. Esta posibilidad de planificación es otro signo de formalidad y debe reflejarse principalmente en la estructuración del discurso y en el uso de la variedad estándar de la lengua. Un buen discurso debe transmitir ideas claras, lo cual significa ser específico, mantenerse en los datos relevantes y seguir pasos lógicos en la progresión de las ideas. La claridad del mensaje requiere, ineludiblemente, claridad de lenguaje, que se refleja especialmente mediante la precisión del vocabulario.

Si entendemos que el principal objetivo de nuestros mensajes dirigidos a los alumnos es que sean comprendidos con facilidad, además de usar la variedad común o estándar y respetar la corrección lingüística, debemos optar por todos aquellos recursos lingüísticos que favorezcan la comprensión.

El modelo de lengua más aconsejable para la actividad docente es aquel que responde a los criterios generales de funcionalidad: claridad, sencillez y economía. Es decir, es preferible usar oraciones sencillas formadas por palabras precisas y prescindir de todo aquello que sea accesorio o demasiado complejo, como las repeticiones innecesarias, las paráfrasis o los incisos largos.

Como hemos visto en capítulos anteriores, en el aula también se producen discursos que no son exclusivamente funcionales o académicos, porque entre el docente y el grupo y entre sus miembros se establece una relación humana que progresa a lo largo del curso. Los discursos de este tipo, que hemos denominado *relacionales*, son más espontáneos y menos estructurados. El modelo de lengua también pasa a ser menos formal, pero es conveniente recordar que la lengua coloquial, por sus mismas características, no asegura la claridad. Para establecer una relación docente respetuosa y constructiva es útil usar un lenguaje claro y directo, que puede ser, a la vez, amable y cordial.

EL ESTILO DEL HABLA

Si queremos establecer una comunicación eficaz necesitamos tener un buen dominio práctico de los recursos lingüísticos. Aún manteniéndonos en el uso de la lengua estándar, en una franja de registro de formalidad media y dentro de los límites de la corrección lingüística, el idioma presenta muchas opciones y muchos recursos a nuestra disposición.

La lengua es un sistema de signos rico y variado, que permite transmitir una misma idea de maneras distintas. Todos los mensajes (orales y escritos) vehiculan un determinado estilo de expresión, entendido como la elección de unas formas y unos recursos determinados en detrimento de otros, que no pasa desapercibida ante el receptor.

Se consigue un estilo claro con la precisión del vocabulario y la sencillez de las frases. Es necesario evitar las expresiones ambiguas, imprecisas, redundantes o vacías de significado. Por este motivo es muy útil buscar un lenguaje adecuado al tema y a los destinatarios y, sobre todo, en lugar de buscar maneras sofisticadas de expresarnos, es mejor que lo hagamos con naturalidad.

A continuación exponemos algunos recursos lingüísticos y estilísticos que facilitan la comprensión del discurso didáctico.

Definiciones

Una buena definición nos puede ayudar en muchos momentos, especialmente para presentar y delimitar un tema y para aclarar un concepto, si optamos por alguna solución construida con vocabulario técnico. Las buenas definiciones deben ser breves.

Podemos distinguir tres tipos de definición:

- *Técnica*. Significado literal expresado a partir de un descriptor más general seguido por los rasgos semánticos particulares del término.
- *Etimológica*. Contiene datos sobre el origen histórico de la palabra y la derivación o derivaciones que han conducido a su forma actual.
- *Informal*. Definición más o menos espontánea que contiene ejemplos, comparaciones, juegos de palabras o expresiones informales con objetivos didácticos, estéticos o lúdicos.

Oralmente y con finalidades didácticas, solemos construir definiciones de una manera semiimprovisada, con una primera parte más precisa, parecida a aquello que aparecería en un vocabulario, y una segunda parte más espontánea, con datos que la completan y la explican.

Ejemplo:
Un torrente es una corriente de agua, rápida e impetuosa, con bruscas variaciones de caudal, y cuyo régimen de circulación depende de las aguas pluviales. Se les puede considerar ríos de montaña temporales que se producen por acumulación de agua y debido a la pendiente del terreno. Erosionan mucho los materiales de la superficie que recorren, precisamente porque son materias de fácil erosión. En algunos lugares de su recorrido se producen saltos y cascadas. Seguro que habéis visto...

Palabras sencillas y conocidas

Ante dos sinónimos, es aconsejable optar por la palabra más conocida, breve y concreta. Si el afán de precisión nos hace optar por términos técnicos, podemos explicarlos.

Si puede expresar una idea con un verbo, mejor que hacerlo con un sustantivo, porque los verbos se perciben como acciones concretas y los sustantivos como conceptos abstractos.

Evite el uso de palabras con sufijos innecesarios. Algunas han surgido por un afán injustificado de tecnificación o por pedantería. Lázaro Carreter advierte de que algunas ni siquiera aparecen en el diccionario (cuadro 8).

Formas deícticas

Son formas lingüísticas referidas al discurso o su contexto inmediato, es decir, los destinatarios, el momento y el lugar en que se produce la intervención. Sirven para crear complicidad y proximidad entre quien habla y quien escucha.

Cuadro 8. Palabras sencillas

EN LUGAR DE...	MEJOR...
Culpabilizar.	Culpar.
Concretizar.	Concretar.
Condicionamiento.	Condición.
Legitimizar.	Legitimar.
Intencionalidad.	Intención.
Vehiculizar.	Vehicular.
Peligrosidad.	Peligro.

Podemos distinguir tres tipos de formas deícticas

- *Personal*. Referencia a los interlocutores.
  «Seguramente os preguntaréis...», «Estoy segura de que conocéis...», «Mi intención es abordar...».
  Podemos incluir aquí el uso de formas verbales de primera persona del plural, un recurso muy efectivo para crear complicidad y sentimiento de grupo: «Ahora intentaremos explicar...».
- *Espacial*. Referencia al lugar o a algún objeto del entorno: «Aquí podéis ver un esquema de...», «No nos interesa aquí especificar...».
- *Temporal*. Referencia a algo citado anteriormente o anuncio de algo que se tratará posteriormente.
  «Como he dicho antes...», «Después veremos con más detalle...», «No nos interesa, de momento, especificar...».

Marcadores textuales

Se denominan *marcadores textuales* las expresiones que anuncian las ideas y las partes del discurso a modo de anticipación. Algunos ejemplos son: *en primer lugar, en segundo lugar, finalmente, por otro lado, en resumen, a pesar de todo lo expuesto...* Son un buen recurso de comprensibilidad, ya que, al oírlos, el oyente puede prever el sentido de la información que recibirá al cabo de un instante.

Paráfrasis

Es la repetición ampliada de un concepto ya expresado antes. La paráfrasis consiste en expresar con otras palabras una idea que queremos destacar, ya sea porque es relevante en el discurso o porque queremos reducir su complejidad. Puede consistir en redefinir, ejemplificar o en reformular un concepto de una manera que sea más accesible.

Oraciones cortas

Las oraciones largas, con incisos y subordinadas, requieren un esfuerzo excesivo de memoria y de comprensión. Pensemos que el oyente no puede volver sobre palabras anteriores en caso de duda, como podría hacerlo leyendo un texto escrito. Las oraciones cortas transmiten las ideas de forma clara y, acompañadas de pausas iniciales o finales, son muy aconsejables para transmitir ideas clave.

Oraciones ordenadas

El orden convencional de la oración es Sujeto + Verbo + Complementos. El orden lógico de los componentes de la frase ayuda a la comprensión. Podemos colocar algún elemento al principio con la intención de destacarlo, pero ese recurso pierde fuerza si las oraciones anteriores y posteriores también presentan estructuras muy variadas.

Oraciones de sujeto personal

Debemos evitar las oraciones impersonales porque son imprecisas. Las acciones tienen protagonistas.

Voz activa

Las construcciones sintácticas pasivas son complejas y se alejan del uso espontáneo de la lengua. Es siempre aconsejable que una oración presente el sujeto explícito y en primer lugar.

Conectores lógicos

Conjunciones, adverbios y expresiones muy variadas nos ofrecen la oportunidad de presentar las ideas enlazadas por relaciones lógicas: causa, consecuencia, objeción, correlación temporal... El uso de este tipo de conectores propicia la fluidez del discurso y la comprensión de las ideas.

Preguntas retóricas

Son preguntas incluidas en el discurso que, a menudo, no esperan respuesta. Ayudan a centrar la atención porque provocan la búsqueda de respuesta en el oyente.

Ejemplo: «¿Por qué era necesario un acuerdo como el protocolo de Kioto? Ahora veremos que, desde hace años, los expertos...».

En el capítulo 8 encontrará otros recursos retóricos, más allá del uso de los recursos lingüísticos, que también ayudan a transmitir significados e ideas con claridad y eficacia.

ALGUNOS ERRORES LINGÜÍSTICOS DEL DISCURSO ORAL

A continuación citamos algunos errores del discurso oral que debemos conocer. Sin embargo, hay que tener en cuenta que su gravedad es relativa y está relacionada con su frecuencia y la formalidad de la situación. La mayoría de estos errores son inherentes a la producción oral espontánea y semiespontánea, lo que popularmente se conoce como *problemas del directo*.

Lapsos

Palabras mal pronunciadas o mal flexionadas con relación al género, el número o el tiempo verbal de palabras anteriores.

Si no es frecuente, este tipo de error no tiene gran importancia: «Podéis venir a consultar *cualquier dudas* que tengáis sobre el tema».

En algunos casos las confusiones denotan desconocimiento. El error consiste a veces en usar una palabra por otra de significado diferente debido una confusión motivada por cierta similitud formal. Debemos evitar confusiones como las siguientes:

- *Infligir* por infringir.
- *Aforo* por foro.
- *Causalidad* por casualidad.

Extranjerismos

Usar palabras que provienen de otra lengua puede alejarnos de la audiencia, especialmente si no podemos garantizar que las conocen. Si bien es cierto que una de las vías de evolución de la lengua es incorporar palabras procedentes de otras lenguas, ése no es el único proceso de generación de nuevas palabras para nuevos conceptos. A menudo existen alternativas genuinas que proponen las autoridades académicas y que los profesionales de la enseñanza podemos divulgar. En consecuencia, ***no hay motivos para usar extranjerismos de manera injustificada*** cuando hay una palabra genuina que sirve para transmitir el mismo significado. Hacerlo es cometer una incorrección lingüística y demostrar una actitud poco respetuosa hacia la lengua con la que impartimos la clase.

Muletillas

Hay muletillas de dos tipos. Algunas son expresiones breves que suelen intercalarse en cualquier momento del discurso, como *veamos*, *es decir*, *o sea*... Otras son simples emisiones de voz que no tienen significado preciso: *eemm*..., *humm*..., *aaa*... Se llaman *muletillas* porque son un recurso de apoyo. Nos aportan los segundos necesarios para pensar las palabras que queremos pronunciar a continuación. Atención: *si usamos siempre la misma y con demasiada frecuencia se convierte en un* tic lingüístico.

Tics lingüísticos

Cualquier palabra o expresión puede ser un tic lingüístico si se repite con frecuencia a lo largo del discurso. Debemos prestar atención a esas expresiones que repetimos excesivamente, porque distraen la atención de los alumnos, incluso corremos el riesgo de que se dediquen a contarlas. Éstos son algunos ejemplos de tics lingüísticos frecuentes: *es decir..., este... o sea... veamos...*

Atención con ciertas expresiones que usamos a modo de comodín (*no sé... un poco... de alguna manera... lo que es... más bien...*) y no aportan ningún significado. Estas palabras vacías, además de ser tics cuando se repiten en exceso, pueden causar una idea de imprecisión o incluso restar credibilidad a quien habla.

Veamos ese efecto en algunas frases e imaginémoslas en clase:

- Podemos distinguir, *de alguna manera,* dos tipos de valle glacial.
- Hay muchos valles glaciales *en todo lo que es* el Pirineo.
- Creo que podríamos debatir *un poco el tema* de la eutanasia.
- La legalización de la eutanasia es un tema *más bien* complejo.

Redundancias

Uno de los recursos más efectivos en pro de la economía y la precisión es evitar las expresiones redundantes. Las redundancias son encuentros un tanto desafortunados porque unen palabras con significados tan similares que, si alguna de ellas desaparece, la expresión mantiene inalterado su significado (cuadro 9).

Cuadro 9. Expresiones redundantes

REDUNDANCIA	MEJOR...
Autoconvencerse.	Convencerse.
Intermediación.	Mediación.
Hace un tiempo atrás.	Hace un tiempo/tiempo atrás.
Parece ser que.	Parece que.
Poner de manifiesto.	Manifestar.
Volver a repetir.	Repetir.
Bajar abajo.	Bajar.
Subir arriba.	Subir.
Días de la semana.	Días.
Meses del año.	Meses.
Horas del día.	Horas.
Lapso de tiempo.	Lapso.
Resultados obtenidos.	Resultados.
Previsiones de futuro.	Previsiones.
Proyectos de futuro.	Proyectos.
Colaboración mutua.	Colaboración.
Erario público.	Erario.
Es por eso que.	Por eso.

Este tipo de expresiones, de manera aislada, no empeoran el estilo, simplemente son poco económicas. Ahora bien, si se acumulan en una intervención, producen en el oyente la sensación de que las ideas se repiten y avanzan lentamente, es decir, restan agilidad al discurso.

Estrategias para la hora de la verdad 8

EN ESTE CAPÍTULO:

Presentamos algunas estrategias comunicativas para resolver situaciones concretas que pueden representar cierta dificultad y una variedad de recursos retóricos que ayudan a proporcionar eficacia al discurso. Encontrará, además, un cuadro de valoración de una intervención oral que reúne los diferentes aspectos tratados hasta el momento en este libro.

LA PRIMERA CLASE

En un taller de oratoria para docentes un participante comentó que lo pasaba muy mal los primeros 20 minutos de la primera sesión de cada nuevo grupo. Según explicó él mismo, *pasarlo mal* significaba tener taquicardia, manos sudorosas y malestar general. Al cabo de esos 20 minutos su cuerpo recuperaba la normalidad y empezaba a sentirse más seguro.
Sin duda, es un ejemplo de lo que se denomina *miedo escénico.*

Cualquier situación desconocida nos puede producir desasosiego físico y psicológico y otros síntomas relacionados con el estrés. Cada vez que llega septiembre, un docente debe enfrentarse a la situación de conocer diversos grupos nuevos y quizás el problema se repite en enero si se trata de cursos trimestrales. Ese miedo escénico inicial es frecuente y comprensible, pero también fácilmente superable.

De la misma manera que es aconsejable preparar con mucha atención los primeros instantes de cualquier intervención, también es necesario preparar muy bien la primera clase de cada curso. Lo mejor es tener previsto con atención a los detalles qué decir y qué hacer durante la primera clase y, especialmente, al principio de la primera clase. Algunas ideas sencillas y útiles son las siguientes:

- Presentación personal.
- Invitación para que los alumnos se presenten.
- Presentación del programa de la asignatura.
- Preguntas sobre las expectativas de los alumnos.
- Explicación sintética de las prácticas y de los criterios de evaluación.

Seguro que los alumnos sienten curiosidad hacia su nuevo profesor o profesora, y cualquier información que quiera aportarles les resultará interesante e insuficiente. En cuanto a la presentación de los alumnos, el docente puede especificar parte del contenido que espera en esas intervenciones encadenadas, por ejemplo, el interés que ha llevado a los alumnos a matricularse en esa materia.

También podemos preparar una actividad lúdica a fin de que los alumnos se conozcan, por ejemplo, recabando información sobre sus compañeros y exponiéndola al grupo. Incluso los objetivos de la asignatura o los métodos de evaluación se pueden dar a conocer mediante algún juego de pistas o preguntas y respuestas. El primer contacto es el mejor momento para «enseñarse las cartas» e iniciar una relación cordial y respetuosa con el grupo.

Seguramente estas actividades son suficientes para ocupar esos primeros 20 minutos que nos preocupaban. Después, podemos optar por iniciar explicaciones o actividades relacionadas con la materia o bien continuar con una actividad que profundice en el objetivo de cohesionar el grupo, mediante un diálogo que permita el intercambio de información y de impresiones entre los participantes. Todo aquello que nos ayude a conocer al grupo nos aportará la seguridad necesaria para las próximas sesiones.

EMPEZAR Y ACABAR

Lo que mal empieza mal acaba. El principio y el final de una clase o de una intervención son los momentos de más alto nivel de atención en los oyentes.

Hay que aprovechar los primeros minutos de la clase para aportar informaciones que ayuden a la comprensión del resto de la sesión. Es el momento de exponer los objetivos de la sesión, de explicar el significado del título de un tema, de presentar las fases de la clase, de contextualizar los contenidos, etc.

Presentar los puntos principales de la sesión al principio es como ofrecer el marco en que los oyentes podrán ir colocando los distintos elementos, ideas o ejercicios que verán después. Concluir bien, a su vez, ayuda a fijar los aprendizajes. Una síntesis final redondea la actividad de la clase y explicita cuáles son las ideas principales que esperamos que retengan.

Además, si conseguimos conectar el final con el principio, lograremos a la vez producir sensación de cierre y de unidad. Es lo que se denomina *redondear el discurso* y se consigue repitiendo algún comentario, pregunta, ejemplo... de la introducción.

Finalmente, no debemos olvidar que es conveniente empezar con un saludo y acabar con una despedida. A veces estamos tan preocupados por el contenido o por ordenar las fotocopias que podemos obviar algo tan importante como decir «Buenas tardes» al inicio. En situaciones de cierta formalidad se suele completar la despedida con el agradecimiento por la atención o los buenos deseos para algún suceso o aspecto del futuro de los oyentes.

RECURSOS RETÓRICOS

La intención de un buen discurso es siempre influir en el receptor. Los tratados de retórica clásica definían el objeto del discurso en términos del impacto que producían en el oyente, ya sea convencer, seducir, impactar y esas intenciones no se limitan al discurso político o publicitario. Están también presentes en los discursos más habituales de la actividad docente, como las exposiciones o las instrucciones.

Los recursos que presentamos a continuación son instrumentos para influir en el oyente, especialmente mediante dos vías:

- Captar y mantener la atención.
- Favorecer la comprensión del mensaje.

Por eso suelen denominarse también *recursos de énfasis* y *recursos de comprensibilidad*. Entendemos *comprensibilidad* como la capacidad de un discurso de reunir características que faciliten la comprensión de su contenido.

Sin embargo, consideramos poco operativo dividirlos en dos conjuntos, ya que a menudo esas dos funciones (captar la atención y facilitar la comprensión) se pueden lograr gracias a un mismo recurso. Sin la atención del oyente, difícilmente le haremos llegar nuestro mensaje. Pero, incluso con su atención máxima, si el mensaje no es claro y atractivo, tampoco conseguiremos nuestros objetivos.

Captatio benevolentia

Expresiones de modestia del orador que tienen la intención de conseguir la complicidad y la comprensión de la audiencia.

- Confío en que sabré resumir en diez minutos los puntos más importantes del tema...

Aclaraciones: No arriesgue su imagen profesional. Ni se le ocurra decir cosas como: «Es la primera vez que imparto esta asignatura», «Como podréis comprobar, hablar en público no se me da nada bien...».

Cita

Consiste en citar las palabras literales escritas o pronunciadas por un personaje histórico o un autor solvente, que sea conocido por el auditorio. Da prestigio al orador y capta la atención.

- Como dijo Mafalda, hay más problemólogos que solucionólogos.
- Como dijo Baltasar Gracián: «Lo bueno, si breve, dos veces bueno».

Aclaraciones: Teniendo en cuenta la edad de los alumnos a veces será necesario aportar alguna información sobre el autor real o imaginario de la cita: «Como dijo Gracián, escritor del barroco español...», «Como dijo Mafalda, un personaje de historietas gráficas...».

Abusar de las citas puede transmitir una imagen demasiado pedante.

Anécdota

Pequeña narración o breve diálogo que ilustra alguna situación y adopta un tono humorístico.

- Cuentan que Rubén Darío, paseando por el parque de El Retiro se sorprendió al ver unas maravillosas flores que flotaban en el agua y se interesó por su nombre. «Se llaman nenúfares» le respondió su acompañante. Y él exclamó: «¡Ah! ¿De modo que ésta es la flor que tanto aparece en mis poemas?».

Aclaraciones: Es necesario que la anécdota tenga relación con el tema, que sea breve y, si es posible, personal. La capacidad de reírse de uno mismo demuestra equilibrio mental y seduce a cualquier audiencia.

Chiste

Pequeña historieta o diálogo breve de finalidad humorística. Son de tipo muy diverso, pueden consistir en una situación paradójica o sorprendente, en un juego de palabras con doble sentido semántico, etc.

- ¿Sabes? Me han dicho que el libro de matemáticas se ha suicidado. Seguramente tenía demasiados problemas.

Aclaraciones: Mejor si el chiste está bien explicado, es breve y está relacionado con el tema. Hacer sonreír es siempre un buen golpe de efecto, pero atención: es muy arriesgado. Hay que tener en cuenta que el sentido del humor es cultural: aquello que hace reír en unas culturas, en otras puede ser ofensivo. Además, muchos chistes populares suelen ser irrespetuosos con algún grupo social.

Comparación

Un concepto, situación o fenómeno se compara con otro más sencillo o conocido para buscar afinidades que ayuden a comprender el primero.

- Presentarse al examen sin estudiar es como ir de viaje sin preparar la maleta.

Aclaraciones: Las comparaciones hechas con intención explicativa deben contener argumentos que la justifiquen y tener en cuenta los conocimientos previos de los alumnos.

Metáfora

Un concepto, situación o fenómeno se identifica con otro conocido para resaltar afinidades y características del primero.

- El sector *servicios* es el motor de la economía actual en nuestro país.

Aclaraciones: La diferencia entre comparación y metáfora es formal. La metáfora no explicita relación comparativa, sino que se formula como una identidad.

Analogía

Es una variedad ampliada de la comparación. Consiste en buscar una situación similar más cercana al oyente que la realidad que le queremos transmitir, que puede resultarle abstracta o desconocida.

- La economía de un país funciona como la economía de una familia. En ambos casos hay que buscar el equilibrio entre los ingresos y los gastos. A veces, una situación de emergencia implica que las necesidades son superiores, aumentan los gastos y quizás tenemos que pedir un crédito. Entonces, para reequilibrar de nuevo la economía, se necesitan medidas de ahorro o estrategias para aumentar los ingresos...

Aclaraciones: La analogía no es una simple comparación, sino que describe y desarrolla una situación comparable generalmente por más de un aspecto o motivo.

Distinción

Comparación que busca diferencias.

- En una conversación informal, podemos saltar de un tema a otro de manera espontánea. En cambio, en un texto escrito, el lector espera que se respete la unidad temática.

Aclaraciones: Las distinciones pueden basarse en un aspecto o en varios. Tienen un efecto argumentativo similar a otros recursos de comparación.

Repetición

La repetición sirve para insistir en una idea. Repetir una frase o una idea clave ayuda a centrar la atención, a destacar aquello que sea más relevante o a comprender un punto más complejo. A veces consiste en repetir la idea con otras palabras o, simplemente, en pronunciarlas de nuevo de manera enfática, en un tono distinto o más despacio.

- Los ejemplos expuestos nos conducen a la idea expresada al principio: la moral no es ni ha sido nunca universal.

Aclaraciones: Una de las utilidades de la repetición es dar tiempo para pensar, tanto a quien habla como a quien escucha. Ahora bien, una repetición poco justificada conlleva el riesgo de transmitir sensación de monotonía.

Dichos y refranes

Frases tradicionales conocidas que pertenecen al patrimonio cultural y se interpretan más allá de su sentido literal.

- Como dice el proverbio chino: «Habla despacio, pero piensa rápido».

Aclaraciones: Tenga en cuenta el público al que se dirige. Algunos refranes pueden sonar arcaicos si su audiencia es joven. Otros pueden resultar muy conservadores, políticamente incorrectos o incluso agresivos. (Por ejemplo, es difícil pensar que la frase hecha «Quien avisa no es traidor» pueda ser apropiada en algún contexto.)

Ejemplos

Muestras, de carácter muy diverso, que prueban alguna observación general. Pueden consistir en datos o adoptar la forma de diálogo, narración, anécdota o comparación.

- Algunos artistas de la historia fueron ignorados en vida y reconocidos sólo después de su muerte. Es el caso de pintores como Veermer y Van Gogh.

Aclaraciones: Los ejemplos cercanos a la realidad de los oyentes facilitan la comprensión del mensaje.

Juegos de palabras

Encuentros de palabras que pueden resultar paradójicos o tener una función enfática.

- Historia es la narración sucesiva de los sucesos, que se sucedieron sucesivamente en la sucesión sucesiva de los tiempos.

Aclaraciones: Todos los recursos lúdicos con el lenguaje suelen ser muy atractivos para los alumnos. Puede encontrar libros que recogen juegos de palabras, algunos con objetivos didácticos.

Exageración

Afirmación que aumenta la realidad más allá de lo razonable.

- Mil veces he repetido que...
- De rodillas os lo pido...

Aclaraciones: No debemos usarlo si nuestra intención es transmitir datos objetivos con un estilo neutro. Por otra parte, como otros recursos de énfasis, pierde su valor si lo usamos repetidamente.

Ironía

Afirmación pronunciada en un contexto o en cierto tono que pretende sugerir un significado contrario al literal.

- Y después de una excusa tan original por su retraso, Andrés se sentó como si nada...

Aclaraciones: La ironía es un recurso arriesgado, porque necesita la complicidad del oyente. Si no está seguro de que sabrán captar sus intenciones, es mejor no usarla.

ACTIVIDAD 13 Detección de recursos retóricos

Busque una persona que le agrade escuchar. Si aparece a menudo en TV, puede grabar cinco minutos de una de sus intervenciones. Pero también puede ser un profesor de algún curso al que asiste, un compañero de trabajo que le causa admiración por sus intervenciones en las reuniones o un conferenciante.

Intente detectar varios de los recursos retóricos que utiliza y que se han expuesto en este apartado. Para sistematizar sus observaciones le sugerimos que anote:

- El tipo de recurso.
- Realice una breve descripción del mismo.
- Escriba el objetivo que se persigue.

IMPREVISTOS

Incluso en la clase mejor preparada y para el profesor más experto surgen situaciones imprevistas, como un aparato que no funciona o una pregunta inesperada. Resolver bien estas situaciones diligencia consiste, principalmente, en minimizar el efecto que puedan tener en la marcha de la clase.

Imaginemos situaciones como papeles que se caen o vuelan con la corriente de aire cuando alguien abre la ventana, o un retroproyector que no funciona, justo en el momento de colocar la segunda transparencia, un *lapsus linguae* o un momento en blanco. La experiencia demuestra que las circunstancias de este tipo no generan risas ni acusaciones hacia el orador, sino un sentimiento de simpatía que conecta directamente con su desconcierto y su malestar.

Un buen enfoque de estos momentos nos ayudará a resolverlos con diligencia. Debemos plantearnos que el objetivo no es proteger nuestra imagen, sino evitar la tensión o la preocupación que generamos en los oyentes para que puedan seguir escuchándonos con atención y tranquilidad. Por eso, cuando conseguimos comportarnos con naturalidad y reducir al mínimo el tiempo que la situación imprevista roba al discurso, conseguimos también que cualquier suceso de este tipo resulte intrascendente. Por ejemplo, si se le caen los papeles, recójalos mientras hace algún comentario informal, pero hágalo con rapidez, no se dedique a ordenarlos numéricamente en silencio, ante la mirada de los asistentes.

Si pierde el hilo del discurso, no dude en pedir ayuda al grupo: «Por dónde íbamos...». Si el grupo sonríe y su memoria inmediata le permite comprobar que ha tenido un lapsus linguae, corríjalo con buen humor: «¿He dicho que el caracol es bisexual? ¡Perdón, quería decir hermafrodita!».

Quizás en alguna ocasión tenga que improvisar. En una clase siempre hay cierto grado de improvisación, a veces para responder a una pregunta, o replantear una parte del discurso. En estas ocasiones, gane un poco de tiempo con un silencio inicial y algún recurso tradicional, como una breve definición del tema o del concepto. Así podrá crear mentalmente un guión rápido de su intervención. Si no dispone de los suficientes datos para responder, simplemente aplace la respuesta. Reconocer que no sabemos o no recordamos algo en un momento, no sólo no es grave, sino que resulta un recurso muy útil de aproximación a los alumnos.

ACTIVIDAD 14 Valoración de su intervención oral

1. Pida a un compañero de trabajo que filme en vídeo unos quince minutos de una de sus clases. La grabación debe contener el principio, un fragmento del desarrollo y el final de la sesión.

2. Observe su intervención e identifique sus méritos y sus errores. Sírvase del cuadro de valoración de la página siguiente que es una síntesis de los contenidos del manual relacionados con el discurso monogestionado y que le ayudará a identificar qué aspectos de su comportamiento verbal y no verbal son efectivos y cuáles deberían ir mejorando.

3. Si tiene suficiente confianza con su compañero para pedirle un poco más de su tiempo, solicítele que también haga una valoración de la intervención filmada. Esto le servirá para darse cuenta de que quizás ha sido demasiado exigente consigo mismo. Tenga en cuenta que, en lo que se refiere a comunicación, siempre es más importante la impresión que causamos en los demás que la propia.

CUADRO DE VALORACIÓN DE UNA INTERVENCIÓN ORAL

OBSTÁCULOS PARA LA COMUNICACIÓN	FACTORES DE EFICACIA COMUNICATIVA
COMUNICACIÓN NO VERBAL	
• Postura rígida. • Brazos cruzados, manos en algún punto del rostro...	• Postura y movimientos naturales. • Cuerpo y rostro expuestos a los oyentes.
• Manos inmóviles, escondidas u ocupadas. Gestos adaptadores, mecánicos, repetitivos o que causan ruido.	• Gestos ilustradores y reguladores, preferentemente simétricos y de altura media.
• Mirada indefinida, ausente o intimidatoria.	• Mirada atenta y natural hacia todas y cada una de las personas que escuchan.
VOZ Y PRONUNCIACIÓN	
• Volumen demasiado bajo. • Ritmo y entonación monótonos.	• Volumen, ritmo y entonación adecuados. • Recursos de énfasis. Variedad.
• Pronunciación poco clara o incorrecta.	• Pronunciación clara y correcta. • Articulación enfática de palabras clave. • • •

OBSTÁCULOS PARA LA COMUNICACIÓN	FACTORES DE EFICACIA COMUNICATIVA
USO DE LA LENGUA	
• Errores de léxico. Palabras demasiado cultas, abstractas, largas, complejas, técnicas...	• Vocabulario correcto y adecuado. Palabras conocidas, concretas, llanas.
• Frases incorrectas y mal organizadas. • Oraciones largas o con muchos incisos.	• Construcciones sintácticas sencillas y correctas.
• Tics lingüísticos. Exceso de muletillas.	• Alguna muletilla aislada.
DISCURSO	
• Registro lingüístico demasiado coloquial o demasiado formal. Saltos injustificados de registro.	• Registro lingüístico adecuado y usado de manera homogénea.
• Discurso desordenado e incoherente.	• Discurso bien estructurado, ordenado y coherente. • Marcadores textuales y expresiones de anticipación.
• Sin saludo inicial. • Sin introducción.	• Introducciones que motivan y presentan las ideas principales.
• Argumentos o ejemplos poco adecuados.	• Buena presentación de datos, ejemplos y argumentos.
• Sin conclusión. • Sin despedida.	• Conclusión de síntesis. • Despedida cordial y amable.

El diálogo y otros discursos plurigestionados 9

ESTE CAPÍTULO:

Está dedicado a las situaciones interactivas de comunicación, como diálogos, debates o coloquios, donde la capacidad de escucha, las actitudes comunicadoras y las relaciones entre los participantes determinan el éxito de la comunicación.

INTRODUCCIÓN

Suele considerarse que el tipo de comunicación prioritaria en el aula es el monólogo del docente, de tipo expositivo. Sin embargo, las actividades con la participación del grupo y la interacción entre los participantes ocupan también un lugar destacado en el tiempo de clase, especialmente si el modelo pedagógico es cooperativo y otorga un papel importante a las actividades en equipo. En este tipo de comunicación, el discurso del docente se reduce cuantitativamente, pero su responsabilidad en la dinámica de la interacción no disminuye. La profesora o el profesor, mediante una observación activa de cuanto acontece en el aula, puede reconducir las intervenciones y la situación hacia los objetivos pedagógicos.

En el aula, muchas de las intervenciones de los formadores van destinadas a generar la conversación: puestas en común, preguntas de verificación, invitación a exponer dudas o a expresar opiniones... La conversación es el tipo de discurso más representativo de la comunicación oral. En un diálogo o en una conversación, el uso de la lengua es más espontáneo y menos formal que en el monólogo, pero la interacción no se produce de manera aleatoria. Hay ciertas reglas que gestionan las intervenciones, como el turno de palabras, que implica que mientras uno habla, el otro o los otros escuchan.

La actividad del docente puede generar y regular la interacción de los alumnos para conseguir en el aula conversaciones que favorezcan la comunicación y los objetivos de aprendizaje. Es muy útil fomentar la participación de los alumnos, con preguntas sencillas o propuestas para resumir contenidos o presentar resultados de actividades.

Para que los alumnos más tímidos pierdan el miedo a dirigir preguntas o comentarios al profesor o al grupo, una estrategia muy útil consiste en valorar o reforzar cualquier intervención espontánea relacionada con la materia y los objetivos de la sesión.

Como en toda actividad que supone convivencia, también corremos el riesgo de que algunos factores emocionales generen incomodidad o enfrentamientos personales en las conversaciones del aula. Las actitudes conciliadoras del docente y su habilidad para centrar el tema en los objetivos pedagógicos son indispensables para configurar un clima comunicativo y de cooperación.

Para gestionar conversaciones y diálogos con los alumnos, el docente necesitará poner en práctica dos habilidades comunicativas decisivas: ***escuchar de manera activa*** y ***mantener un diálogo constructivo***.

LA HABILIDAD DE ESCUCHAR

Escuchar y oír son dos actividades distintas. Oír es un proceso físico, que puede ser involuntario. Podemos oír las palabras de otra persona sin escucharlas, como quien oye por casualidad una puerta que se cierra de golpe o la radio del vecino. Escuchar, en cambio, es una actividad voluntaria, un proceso mental que requiere ciertas condiciones como calma, interés y atención. Para escuchar activamente debemos centrar la vista, el oído y la mente en los sonidos y en los gestos de quien habla.

Cabe destacar dos tipos de obstáculos para la escucha activa: cognitivos y actitudinales.

El principal ***obstáculo de tipo cognitivo*** radica en la diferencia de ritmo entre escuchar y pensar: el pensamiento del oyente puede ser más veloz que las palabras que recibe, o viceversa.

Cuando el ritmo de una intervención es lento, el oyente puede intercalar pensamientos que pueden distraer su atención hacia otras ideas. Cuando el ritmo del discurso es demasiado rápido, el oyente puede perder el hilo lógico por el cansancio que le provoca la atención alta.

Hay algunos recursos para mantener nuestra capacidad de escucha coordinada con el discurso del emisor; como si se tratara de buscar la mejor frecuencia en un aparato de radio, es necesario *sintonizar* con la persona que nos está hablando. La persona que sabe escuchar, puede seguir mentalmente la línea de pensamiento del interlocutor, seleccionar cuáles son las principales ideas del mensaje, recordar las ideas anteriores y relacionarlas con las que van sucediéndose y mostrarle indicios de comprensión o de dificultad en la comprensión. Siempre será más útil pedir aclaraciones o reconocer una distracción puntual que fingir escuchar.

El principal obstáculo actitudinal para la escucha plena es la tendencia a juzgar, que funciona como un filtro perceptivo y puede provocar distorsiones en el mensaje que alguien nos transmite, provocadas por ideas preconcebidas o estereotipos sobre la persona o el contenido de su intervención.

Por ejemplo, si un alumno que no destaca especialmente por sus resultados académicos nos pide aplazar la entrega de un trabajo, podemos pensar –antes de comprobarlo– que lo ha empezado muy tarde o incluso que todavía no lo ha comenzado. Si nos dice que ha tenido un problema con el ordenador, podemos pensar que nos está dando una excusa falsa.

Pensar todo eso sin investigarlo ni comprobarlo, es –sencillamente– interpretar el mensaje a través de un prejuicio, que actúa como filtro.

Es cierto que a menudo no podemos evitar esas sospechas, pero deberíamos evitar actuar o tomar decisiones basándonos en ellas.

Estos obstáculos provocan que la escucha sea incompleta o incluso pueden manifestarse externamente en un diálogo. Algunas personas dejan de escuchar después de oír las primeras frases de una intervención porque la han clasificado como poco interesante. Pueden llegar a fingir que escuchan con signos de asentimiento o incluso interrumpir constantemente a la persona que tiene la palabra porque dan por supuesto que conocen el resto de lo que pensaba decir.

La ***escucha activa*** es la capacidad de escuchar más allá de las palabras literales, comprender también los significados subyacentes y leer los sentimientos de quien habla, es decir, comprender no sólo lo que dice, sino también lo que siente. Para ello es imprescindible percibir las ideas expresadas y el significado actitudinal o emocional, considerando el punto de vista de la otra persona y no sólo el propio.

El cuadro 10 ofrece una síntesis de comportamientos verbales y no verbales que contribuyen a la escucha activa.

Cuadro 10. Comportamientos que ayudan en la escucha activa

ACTIVIDAD VERBAL	ACTIVIDAD NO VERBAL
• Solicitar aclaraciones. • Formular preguntas abiertas. • Verificar la comprensión del mensaje mediante paráfrasis, resúmenes o reformulaciones. • Participar en el diálogo con intervenciones que tienen en cuenta las aportaciones de la otra persona.	• Silencio. • Mirada natural hacia la persona que habla. • Gestos de asentimiento. • Gestos de acompañamiento. • Tono de voz reflexivo y ritmo pausado. • Postura abierta y hacia la persona que habla. • Distancia adecuada.

HACERSE ESCUCHAR

La principal ventaja de la comunicación bidireccional es la posibilidad que nos ofrece de comprobar si existe una comprensión mutua. La proximidad entre los participantes en un diálogo cara a cara permite interpretar todo un código de signos no verbales que indican comprensión, aprobación, dudas, solicitud de ampliaciones... Además de la posibilidad de pronunciar asentimientos y demandas de manera verbal.

En una situación de diálogo cara a cara, además de la capacidad de interpretar los signos del destinatario, unas buenas estrategias verbales pueden facilitar la comprensión a nuestro interlocutor y favorecer la eficacia comunicativa.

La lista del cuadro 11 presenta una síntesis de recursos para captar y mantener la atención del oyente. Algunos de ellos coinciden con acciones aconsejables en el discurso unidireccional, ya que una intervención de cierta duración puede considerarse un discurso breve en el que empezar, estructurar y acabar bien tiene un efecto indiscutible.

Cuadro 11. Recursos para captar la atención

DIEZ CONSEJOS PARA HACERSE ESCUCHAR	
1	Mirar al rostro de la persona a la que nos dirigimos con naturalidad, evitando la mirada intimidatoria o demasiado larga.
2	Sonreír y mover las manos acompañando el discurso con gestos cortos. (La proximidad hace innecesarios los gestos amplios, más adecuados en situaciones de distancia.)
3	Evitar el exceso de muletillas y tics lingüísticos, porque, sin duda, distraen la atención. • • •

4	Introducir y concluir la intervención.
5	Referirse a realidades o conceptos que compartimos con los interlocutores. (Atención con los ejemplos o las comparaciones; si no se eligen con ese criterio, pueden un tener efecto nulo.)
6	Usar un lenguaje claro y accesible.
7	Usar recursos de énfasis: variaciones de volumen o repeticiones, por ejemplo.
8	Variar los movimientos, la postura, el volumen o el ritmo con los cambios temáticos.
9	Suavizar los mensajes desagradables o negativos. Evitar o matizar el imperativo.
10	Acabar cualquier intervención larga con una breve síntesis o con la repetición de la idea más importante.

EL DIÁLOGO CONSTRUCTIVO

En una relación conflictiva, un diálogo puede ser el campo de batalla donde los interlocutores se atacan y se defienden por razones que se alejan completamente del tema de conversación, relacionadas con el desequilibrio de la relación o con diferencias exclusivamente personales. Una actitud profesional requiere alejarse de estas dinámicas en las relaciones de trabajo y, por lo tanto, también en nuestros intercambios con los alumnos.

Un diálogo en un encuentro individual puede ser también la forma más efectiva de cambiar impresiones, comunicar objetivos, encontrar puntos en común y llegar a un acuerdo.

Denominaremos ***diálogo constructivo*** al que permite esas condiciones, apoyando el intercambio verbal en tres premisas:

- Queremos comunicar y no ofender.
- Somos constructivos: tenemos intención de superar todos los obstáculos.
- Respetamos al interlocutor y nos interesa la relación con él.

Las habilidades para mostrar la propia opinión sin ofender a otras personas son imprescindibles para evitar el conflicto o resolverlo. Hay tres estrategias que nos ayudarán a conseguirlo:

1. Buscar y resaltar los puntos en común entre las dos posturas.
2. Expresar las diferencias de opinión con respeto.
3. Buscar puentes entre las posturas distantes.

Los recursos que se exponen a continuación contribuyen a ponerlos en práctica con el objetivo de progresar en la comunicación sin deteriorar la relación.

Prepararse para escuchar

El primer paso para prestar atención es alejar de la mente pensamientos que nos puedan distraer, y minimizar los filtros subjetivos (preconcepciones, juicios personales...). Después, deberemos concentrarnos en las palabras de la otra persona e ir registrando mentalmente las ideas básicas que irán construyendo su mensaje.

Saber callar

El silencio nos permite observar y escuchar, recibir información sobre el interlocutor para comprender su mensaje y su situación. Nos proporciona tiempo para pensar y decidir nuestra respuesta, a la vez que ofrece al otro ocasiones para intervenir. En definitiva, ***callar es un recurso muy útil para potenciar la escucha activa y la manifestación de empatía.***

Entender el punto de vista del interlocutor

Tener en cuenta los motivos, las circunstancias y los deseos del alumno nos ayudará a comprender sus palabras y a respetar sus posturas. Eso no significa que debamos darle la razón o compartir todas sus opiniones. La empatía se demuestra con expresiones de comprensión que manifiesten que entendemos el punto de vista del alumno en el diálogo y en la respuesta que ofreceremos a su posible solicitud.

Hay intervenciones que pueden anular completamente el diálogo, precisamente porque expresan un nivel cero de empatía, incluso podemos afirmar que algunas son deshonestas en el juego comunicativo. Un ejemplo lo tenemos en frases como:

- Lo dices porque eres joven.
- Si tuvieras unos años más no lo dirías...
- Ya verás como cambias...

¿Qué podría responder cualquier persona ante esas palabras?

Es útil distinguir entre dos tipos de expresiones empáticas:

- *Empatía global*: «Te entiendo, te comprendo», «Es verdad», «Tienes razón».
- *Empatía concreta*: «Comprendo que te parezca complicado acordarte cada día de...», «Entiendo que no es fácil coincidir fuera del centro para hacer el trabajo en grupo...».

La empatía global presenta algunos riesgos: puede interpretarse erróneamente como un acuerdo total, puede sonar falsa o teatral y, por lo tanto, hacernos perder credibilidad.

Es tan inespecífica que no aclara qué es lo que realmente se comprende y fácilmente puede volverse en contra: «¡Cómo lo va usted a entender, profe! ¡El que tiene que repetir el trabajo soy yo!».

La empatía concreta evita esos riesgos y consigue el objetivo de establecer los puentes de diálogo necesarios, motivando y facilitando la comunicación. Por eso es mucho más eficaz.

Controlar las emociones

«Ese alumno que a menudo llega tarde, no muestra interés ni participa activamente en clase, se distrae fácilmente e incluso distrae a los compañeros... viene a pedirme una revisión de examen o un aplazamiento en la entrega de un trabajo.»

No es el momento de dejarse influir por sentimientos negativos, ni mucho menos de ofrecer una respuesta vengativa disfrazada de justa por merecida. Muy al contrario, tenemos que analizar la situación con distancia y objetividad para hablar y actuar de la misma manera que lo haríamos con cualquier otro alumno del grupo, incluso con aquél que consideramos modélico. Ésa es la respuesta más profesional y cualquier otra estará filtrada por emociones negativas.

El estado emocional se contagia con facilidad: si la otra persona está nerviosa, no debe transmitirnos su estado. Al contrario, podemos atenuarlo con un tono tranquilo y reflexivo. *Las estrategias para no generar malestar, sea cual sea el mensaje, son más necesarias si el mensaje es negativo o cuando pensamos que no será bien recibido.*

Usar un discurso respetuoso

La actividad docente se ha relacionado tradicionalmente con dos funciones que pueden resultar altamente conflictivas en las relaciones humanas: mandar y juzgar. Por una parte, se da por supuesto que el profesorado debe guiar la actividad del alumnado dentro y fuera del aula, tanto en temas relacionados con la asignatura como con su comportamiento, que debe adecuarse a unas normas de convivencia (disciplina). Desde esa lógica, se supone que debe dirigirle constantemente instrucciones y consejos, incluso órdenes y prohibiciones. Por otra parte, al final de cada periodo de evaluación, el profesor debe otorgar una calificación al alumno. Y como a nadie le gusta recibir órdenes ni ser juzgado, la relación con los alumnos conlleva un alto riesgo. ***El tacto debe extremarse en todas las intervenciones que sean o puedan parecer un juicio o una instrucción.***

Opinar sobre hechos o palabras y no sobre la persona

Cualquier persona reacciona de manera defensiva o agresiva ante una frase como «Eres un egoísta» o «Eres tonta».

En cambio, si formulamos la frase de otra manera, invitamos a reflexionar: «Me parece un poco egoísta que no quieras participar en...», «Creo que eso que acabas de decir es una tontería».

Fijémonos que en las frases aconsejables el sujeto es quien habla (*yo creo, en mi opinión, desde mi punto de vista...*) y no el interlocutor (*tú* o *usted*). En lugar de decir «Estás equivocado» podemos decir «Creo que lo que sugieres es poco apropiado, si tenemos en cuenta que...».

Centrarse en el objetivo

El éxito de la comunicación consiste, ni más ni menos, en lograr lo que nos habíamos propuesto. Por eso es tan útil tener presente el objetivo del diálogo, la respuesta que desearía obtener de su interlocutor. ***En una relación entre personas, a menudo se arriesga el objetivo comunicativo por no haber calibrado bien el efecto que el mensaje puede provocar en el receptor.***

Nunca conseguiremos un cambio voluntario de conducta en un alumno si se siente agredido u ofendido con nuestras palabras, pronunciadas en público o en privado.

Verificar la comprensión del mensaje

Podemos verificar el grado de comprensión del mensaje con preguntas (es lo que se entiende por *retroalimentación* o *feedback*). Para ello, es aconsejable no utilizar expresiones demasiado directas, porque contienen informaciones implícitas poco respetuosas. Por ejemplo, debemos evitar expresiones como *¿Queda claro?*, *¿Me entiendes?*, *No sé si me entiendes...*, que pueden resultar ofensivas, porque dan por supuesto que la explicación del hablante era clara y ponen en duda las capacidades del oyente.

Es mejor facilitar la verificación al alumno reformulando lo que ha dicho y buscando su asentimiento. También podemos repetir sus palabras con un leve tono reflexivo o de interrogación. Esta opción tiene muchas ventajas: da pistas a nuestro interlocutor sobre nuestro nivel de comprensión, le invita a ofrecer información adicional si lo considera necesario y da tiempo a ambos para reflexionar sobre las próximas intervenciones.

Usar la dialéctica positiva

La *dialéctica positiva* es el concepto que reúne ciertas características y recursos del comportamiento verbal que contribuyen a preservar, ante todo, la relación cordial. En síntesis, responden a la estrategia de evitar o suavizar los mensajes que puedan resultar desagradables al destinatario.

En el cuadro 12 (véase en la página siguiente) presentamos algunos recursos expresivos para conseguirlo.

Cuadro 12. Recursos de dialéctica positiva

RECURSOS EXPRESIVOS	RECOMENDACIONES
HUIR EN LO POSIBLE DE LAS RESPUESTAS NEGATIVAS	• Arriesgado: «No puedo cambiar la fecha de examen». • Aconsejable: «La fecha del examen fue decidida por el grupo».
EVITAR LA PALABRA PERO	• Arriesgado: «Puedes obtener un certificado, pero debes solicitarlo por escrito». • Aconsejable: «Puedes solicitar por escrito que te hagan un certificado».
PRESCINDIR, SI ES POSIBLE, DE PALABRAS DE CONNOTACIONES NEGATIVAS	• Arriesgado: «Es un problema importante». • Aconsejable: «Es una cuestión importante».
NO PONER NUNCA EN DUDA LAS CAPACIDADES DEL OYENTE	• Arriesgado: «No se ha entendido nada de lo que has dicho». • Aconsejable: «Necesito que me aclares un poco más...».
EVITAR SIEMPRE QUE EL INTERLOCUTOR QUEDE EN MAL LUGAR	• Arriesgado: «Estás equivocada». • Aconsejable: «Permíteme comprobar si eso es correcto...».
EVITAR CRÍTICAS NEGATIVAS, PROPONER CAMBIOS POSIBLES Y CONSTRUCTIVOS	• Arriesgado: «No has estudiado lo suficiente». • Aconsejable: «Creo que deberías organizar tu tiempo de estudio de otro modo».
DEMOSTRAR QUE ADMITIMOS LAS CRÍTICAS Y LOS CONSEJOS	• Arriesgado: «Llevo muchos años corrigiendo trabajos como éste...». • Aconsejable: «Tienes razón, he sido muy estricta en la revisión del trabajo. Debería haber tenido en cuenta que...».

• • •

RECURSOS EXPRESIVOS	RECOMENDACIONES
PONER ÉNFASIS EN AQUELLO QUE ALGUIEN PUEDE HACER Y NO EN LO QUE NO PUEDE CONSEGUIR	• Arriesgado: «No podréis pedir una revisión de la prueba fuera de plazo». • Aconsejable: «Tened en cuenta que hay un plazo para solicitar la revisión de la prueba».

En definitiva, la dialéctica positiva es un recurso que permite asegurar la cordialidad de la relación con los alumnos y la efectividad de las acciones que de ella se derivan. No se trata de esconder o de enmascarar la realidad, sino de expresarla desde un punto de vista constructivo.

ACTIVIDAD 15 Detectar indicios de agresividad en un discurso

1. Detecte todos los indicios de agresividad en este hipotético discurso. Subraye todas las expresiones que supongan juicios personales, imposiciones, estrategias de defensa o ataque, amenazas...

> «Ya me imaginaba que pediríais un cambio de fecha de examen. Pero no podemos cambiar la fecha por dos razones. En primer lugar, necesito poner las notas antes del día 4 y en dos días no tengo tiempo de corregir todos los exámenes y, en segundo lugar, estabais avisados desde hace tres semanas. Es cierto que se os han acumulado los exámenes, pero eso ya lo sabíais y yo no tengo ninguna culpa de que no hayáis conseguido un buen calendario con otros profesores. Si os organizarais mejor, no tendríais ninguna necesidad de pedir cambios de fechas. Lo que pasa es que confiáis demasiado en lo que podréis estudiar el día antes. Un poco de planificación y eso no os pasaría.»

2. Reformule el discurso sin cambiar la postura negativa ante la solicitud.

Las preguntas como recurso

Las funciones de las preguntas en el diálogo son diversas:

- Implicar al interlocutor, provocar su participación.
- Demostrar interés por la otra persona.
- Crear expectativas, interés.
- Generar una pausa (es difícil hacer una pregunta y continuar hablando a un ritmo acelerado; nos obliga a parar al menos unos instantes).
- Desbloquear al interlocutor.
- Concretar datos, centrar el tema.

Podemos distinguir diferentes tipos de preguntas en función de la respuesta que implican y, por lo tanto, de la utilidad que pueden aportar a nuestra relación con el interlocutor. Por ejemplo, las preguntas abiertas son adecuadas para iniciar contactos e invitar a hablar, pero son desacertadas si necesitamos concretar o confirmar una sospecha o centrar el tema (cuadro 13).

Cuadro 13. Tipos de preguntas

TIPOS DE PREGUNTA	EJEMPLO	TIPOS DE RESPUESTA
ABIERTA	¿Qué deseas?	Amplia.
CERRADA	¿Es la primera vez que te ocurre?	Afirmación o negación.
DIRECTA	¿Qué asignatura optativa has escogido?	Específica.
RETÓRICA	¿Quién lo dudaría?	No espera respuesta.
SUGERENTE	¿Podrías enseñar el centro a nuestro nuevo compañero?	Acción.

• • •

ANALÍTICA	¿Podrías explicar qué ha pasado desde que has introducido el programa en el ordenador?	Detallada.
CONFIRMATIVA	Entonces, ¿crees que necesitas unos días más para acabar el trabajo?	Concreta.

La entrevista de tutoría

Tanto si se trata de una cita ordinaria como si está motivada por una circunstancia delicada (mal resultado en una prueba, acto de indisciplina, bajo rendimiento general...), la entrevista individual supone cierto riesgo para la comunicación efectiva, entre otros motivos, por la relación asimétrica entre docente y aprendiz. Sin embargo, el diálogo con un alumno tiene el éxito asegurado si el docente cumple una condición: ***evitar a toda costa la confrontación***. Generar reacciones de defensa o ataque desenfoca el objetivo del diálogo y deteriora la relación, no sólo presente sino también futura.

En el diálogo individual con el alumno, es esencial mantener una escucha activa y dar muestras de comprensión con palabras, gestos, afirmaciones y miradas atentas. Las preguntas serán nuestras principales aliadas para comprender tanto su punto de vista como su demanda.

- ***Comience las entrevistas con un saludo y algún comentario informal***. Después, pida a su alumno o alumna que le exprese su opinión acerca del curso en general o bien acerca de algún aspecto concreto. Use su nombre para dirigirse a él o ella.
- A continuación, ***expóngale el motivo de la cita***. Los objetivos expresados inicialmente ayudan a comprender datos, informaciones o instrucciones posteriores, que deben presentarse de

manera clara y ordenada, con una síntesis de conclusión. Si espera alguna acción por parte del alumno, el final es el momento de indicarla con claridad y tono respetuoso. Comente qué beneficios le puede aportar su propuesta.

- *No dé la entrevista por acabada sin invitar al alumno a opinar sobre sus comentarios.* Demuestre comprensión, no se tome sus posibles quejas como un ataque personal y cambie de su postura sólo aquello que considere justificado.
- Finalmente, *la despedida debe ser amable y contener muestras de disponibilidad.* Sea cuál sea el motivo de la entrevista, el alumno debería irse con la sensación de que puede contar con usted en cualquier ocasión futura.

La estructura de la conversación

Aparentemente, una conversación fluye de manera espontánea, de acuerdo con la gestión –más o menos equilibrada– que los participantes hagan de los turnos de palabra. Sin embargo, esa percepción sólo es adecuada si se refiere a conversaciones informales. Cuando se trata de una relación profesional, una conversación responde a un objetivo y, generalmente, no puede tener una duración indefinida. Cuando se trata de la relación con un alumno, el profesional es el docente y tiene la responsabilidad de gestionar el intercambio para que resulte efectivo con relación a un objetivo.

Aunque parezca extraño, una conversación puede estar planificada y tener una estructura aconsejable que dividiremos en cuatro fases.

Primera fase. Mensaje de acogida

Saludo adecuado que muestre disponibilidad, seguido de un comentario o pregunta informal, todo ello acompañado de signos no verbales que indiquen interés y atención.

Segunda fase. Escucha activa e investigación

La receptividad debe transmitirse desde el primer momento y no debe limitarse al mensaje verbal del alumno. También hay que prestar atención a las emociones implícitas; no tenerlas en cuenta puede ser una fuente de conflictos.

Después de escuchar la primera demanda, tenemos que invitar al alumno a completarla o concretarla.

Debemos saber usar preguntas para hallar la información. Es el momento de averiguar qué sabe y qué necesita conocer el alumno. Nos será muy útil verificar el contenido de su mensaje (pregunta, demanda...): podemos resumirlo o reformularlo, para solicitar su confirmación.

Tercera fase. Elaboración del mensaje de respuesta

Es el momento en que tomamos la palabra y la conservamos hasta haber completado lo que consideramos una respuesta adecuada que puede estructurarse en tres partes.

- *Introducción*: Presentación de la información que ofreceremos. Es muy útil para que nuestro interlocutor pueda ir situando los datos que le iremos aportando.
- *Desarrollo*: Explicación de motivos, argumentos y circunstancias. Propuestas, sugerencias, orientaciones.
- *Conclusión*: Síntesis final. Repetición de la idea o las ideas clave. Es muy útil recordar el próximo paso que esperamos del alumno con relación al tema de la conversación.

Cuarta fase. Despedida

La despedida sirve para confirmar el final de la situación de comunicación. No obstante, la atención dedicada a un alumno ha de poder ser siempre un buen punto de partida para futuras relaciones.

Las mejores despedidas son las que indican cordialidad y disponibilidad. Hay que evitar despedidas bruscas o informales y, especialmente, fórmulas de despedida que contengan informaciones implícitas poco adecuadas. Por ejemplo, una frase como «Que tengas suerte en el examen» puede hacer pensar a un alumno que su profesor opina que necesita suerte porque no está lo suficientemente capacitado para hacer un buen examen.

COLOQUIOS Y DEBATES

Las actividades de coloquio o de debate en clase son recursos pedagógicos de gran riqueza, útiles en cualquier disciplina. Incluso de manera espontánea, pueden surgir coloquios posteriores a las intervenciones del profesor o a la exposición oral de los resultados de alguna actividad de los alumnos.

Un ***coloquio*** suele consistir en una suma de intervenciones de diferente tipo, que suelen dirigirse al docente o al alumno que ha expuesto su trabajo, aunque a veces pueden ser comentadas por cualquier participante.

Un ***debate*** es una actividad organizada en la que los participantes tienen la oportunidad de intervenir de manera, en principio, equilibrada. La principal dificultad de estas actividades es, precisamente, la distribución de los turnos de palabra.

En el cuadro 14, presentamos algunos consejos que puede tener en cuenta un profesor o profesora para facilitar la comunicación efectiva en un debate en el aula. El objetivo principal es buscar un equilibrio en la cantidad y la calidad de las intervenciones de todos los participantes.

Cuadro 14. Consejos para organizar un debate

- Delimitar el tema y la duración del debate al principio de la sesión.
- Definir objetivos, si es posible, como tomar una decisión, o valorar la puesta en práctica de una propuesta.
- Nombrar a un moderador que distribuya los turnos de palabra.
- Establecer alguna norma de límite de intervenciones por persona.
- Evitar en todo momento los juicios a personas presentes o ausentes.
- Resumir los puntos tratados en dos o tres momentos a lo largo del debate.
- Encargar a algunos alumnos que tomen notas para poder redactar unas conclusiones posteriores.
- Adoptar el papel de participante y no asumir ningún rol directivo por el hecho de ser el profesor o profesora.

Gestión del tiempo y del espacio 10

EN ESTE CAPÍTULO:

Encontrará algunos consejos para adecuar la comunicación oral a dos condiciones importantes del contexto, el tiempo y el espacio. Son factores que podemos y debemos tener en cuenta en la preparación y la realización de cada intervención.

INTRODUCCIÓN

Las características generales del tiempo y del espacio no suelen depender de nosotros en nuestra actividad docente. Generalmente, el lugar donde se imparten las clases y la duración de las sesiones viene determinado por la institución.

Sin embargo, podemos controlar algunos elementos del espacio y del tiempo de nuestras clases con el fin de facilitar la eficacia en la comunicación.

GESTIÓN DEL TIEMPO

La duración de la clase es uno de los factores que guía la planificación de las actividades y de los discursos del aula. Independientemente de la duración de la sesión, podemos organizarla desde el punto de vista del todo y de las partes con la perspectiva de aprovechar la capacidad de atención y de participación de los alumnos.

Dos criterios generales nos ayudarán en ese propósito:

- Compartir los objetivos y el guión de la sesión.
- Evitar el cansancio y la monotonía.

Para la gestión del tiempo será útil tener en cuenta los consejos prácticos que se muestran en el cuadro 15 (véase en la página siguiente).

Cuadro 15. Consejos acerca de la gestión del tiempo

OBJETIVO	QUÉ HACER
Ayudar al alumno a situarse. Implicarlo.	Presentar las actividades y su objetivo al principio de la sesión, si es posible con una duración prevista para cada una.
Mantener la atención activa del alumno.	• Alternar las exposiciones del docente con las actividades prácticas y las intervenciones de los alumnos. • Utilizar materiales didácticos variados y atractivos.
Gestionar la actividad.	• Controlar el paso del tiempo. • Recapitular. • Presentar los pasos siguientes. • Reconducir o cerrar una puesta en común que exceda el tiempo previsto.
Concluir la sesión.	• Concluir de manera explícita, con una síntesis de los contenidos tratados o de las actividades realizadas. • Si no hemos podido acabar todo lo que teníamos previsto, es mejor resumir lo que hemos hecho hasta el momento, para transmitir esa idea de unidad acabada que contribuye a la comprensión y al aprendizaje.
Resituar y motivar al alumno.	• Presentar brevemente el contenido o el objetivo de la próxima sesión.

GESTIÓN DEL ESPACIO

La distribución de los alumnos, profesor, mesas... en los distintos espacios del aula tiene relación con la dinámica de las actividades que en ella se desarrollan. Algunas distribuciones, como las filas de pupitres encarados a la pizarra, se relacionan con modelos jerárquicos y tradicionales, con actitudes de dependencia de los alumnos y con la función de autoridad del profesor. Esta distribución tradicional no favorece la comunicación entre todos los miembros del grupo. Pensemos que un alumno que mira hacia delante ve las espaldas de sus compañeros y compañeras y sólo un rostro, el del profesor.

La distribución de los asientos en el aula mantiene una estrecha relación con el tipo de comunicación que se establece en el grupo y el comportamiento de sus miembros (véase el esquema 3). El docente debe buscar una distribución compatible con el tipo de actividad que desea generar y con las necesidades de los estudiantes. Por eso resultan muy interesantes las aulas en las que el mobiliario no es fijo, sino ligero y fácil de mover. De esta manera, el profesor puede hacer en su distribución las variaciones necesarias en función de las necesidades de una tarea determinada.

Esquema 3. Diferentes tipos de distribución del espacio del aula

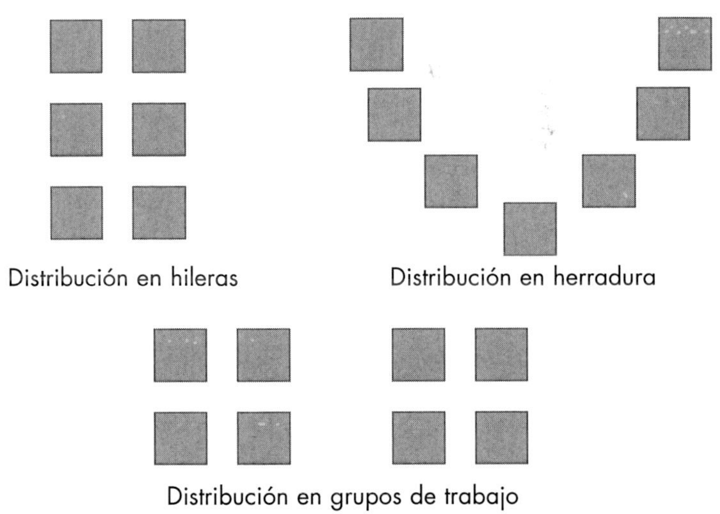

La disposición de pupitres en filas puede ser útil cuando el docente quiere inhibir la interacción entre estudiantes (una conferencia, un examen...). Esta organización del aula supone la ubicación de la mesa del docente en una zona preferente. Se trata de una opción apropiada para las situaciones en que se utiliza la exposición verbal, la pizarra o la presentación de material audiovisual.

En las situaciones en que se pretende fomentar la interacción y seguir un modelo de aprendizaje cooperativo es necesario disponer los asientos en una forma que se aproxime al círculo, ya que de esta manera se facilita el contacto visual y el intercambio verbal entre todos los participantes. Puede limitarse a un semicírculo, herradura o disposición en *U*, especialmente si en algunos momentos es necesario centrar la atención en la pizarra o en una pantalla.

La disposición de sillas o mesas en pequeños grupos es adecuada para el trabajo en equipo. Los alumnos agrupan sus pupitres de modo que conforman una mesa que permite al equipo trabajar en común con bibliografía, apuntes, libros, periódicos y otros materiales. En estos casos, la mesa del docente puede tener o no una colocación preferente.

También hay que tener en cuenta que algunos elementos del espacio del aula pueden distraer la atención: ventanas desde las que se pueden ver transeúntes, aparatos audiovisuales encendidos en momentos que no se usan para las actividades didácticas, etc. Siempre que sea posible, debemos minimizar su efecto.

Finalmente, hemos de desaconsejar al docente que permanezca en un lugar fijo del aula durante toda la sesión. Debemos aproximarnos a los alumnos en distintos momentos: mientras hablamos, cuando escuchamos, mientras trabajan solos o en grupo, etc. La aproximación favorece la comunicación y la distancia la dificulta.

ACTIVIDAD 16 Reflexión final

- Revise sus respuestas a los cuestionarios iniciales. ¿Serían las mismas después de haber leído este libro?
- Lea con atención las valoraciones de cada cuestionario. ¿Cree que ha mejorado en sus actitudes y habilidades comunicativas?
- ¿Cree que ha perdido una parte del miedo a hablar en público y conserva la otra parte, un cierto respeto a la situación que le ayudará a hacerlo cada día mejor?

Gracias por su atención.

GLOSARIO

Adecuación	Propiedad del discurso con la que se determina la variedad lingüística y el registro apropiados a la situación comunicativa, teniendo en cuenta la audiencia, el tema, la intención y el canal.
Afonía	Falta o deterioro de la voz, generalmente a causa de lesiones en los órganos de la laringe.
Argumentar	Presentar o formular razonamientos destinados a probar una proposición o idea con objeto de convencer.
Argumento	Razonamiento para probar o refutar una proposición dada.
Articulación	Producción de sonidos mediante determinados movimientos de la lengua, los labios, el velo del paladar, etc.
Asertividad	Capacidad personal para expresar los sentimientos, las emociones o los pensamientos de manera libre, sin negar los derechos de los demás y sin que los otros vean agresividad o manipulación en esas expresiones.
Cinestésico	Relativo al movimiento o a los movimientos del cuerpo.
Comunicación bidireccional	Comunicación en dos sentidos, ida y vuelta, en que emisor y receptor se alternan los papeles.
Comprensibilidad	Facilidad con que se puede comprender un discurso atendiendo a aspectos como el lenguaje, el vocabulario, la estructuración del contenido, etc.
Conector	Elemento lingüístico que tiene la función de asegurar la cohesión de las diferentes partes de un discurso. Se consideran conectores, por ejemplo, las conjunciones y algunas formas adverbiales como *aún así* o *ahora bien*.

Discurso	Texto oral o escrito concebido como conjunto de oraciones relacionadas con coherencia y estructura, susceptible de ser descodificado e interpretado.
Dixi	Uso que los hablantes hacen en sus enunciados de las marcas de persona, tiempo o espacio para referirse a la situación comunicativa y al propio discurso.
Empatía	Capacidad de ponerse en el lugar de otra persona con suficiente implicación para comprender sus emociones y su punto de vista y a la vez con suficiente distancia para poder analizar racionalmente su situación o mensaje.
Escucha activa	Habilidad que consiste en escuchar con atención lo que la otra persona nos dice, con el objetivo de comprender no sólo el contenido de sus palabras, sino también sus motivos y sus sentimientos, sin juicios de valor.
Explicación	Tipo de discurso que se basa en razonar o analizar cómo y por qué se produce un hecho o fenómeno.
Explicar	Presentar alguna cosa para que sea entendida.
Exposición	Tipo de discurso que tiene como fin principal transmitir información objetiva o comprobable.
Extranjerismo	Palabra o expresión que proviene de otra lengua.
Función conativa	Función del lenguaje que impulsa al oyente a actuar de una forma determinada, de manera que el mensaje se centra en el receptor.
Género discursivo	Tipo de discurso definido por su objetivo comunicativo y ciertas características formales. Sinónimo: Tipo de discurso.
Kinesia	Disciplina que se ocupa de la comunicación no verbal expresada a través de los movimientos del cuerpo. Las principales fuentes de comportamiento kinésico estudiadas han sido la postura corporal, los gestos, la expresión facial, la mirada y la sonrisa.

Marcador textual	Expresión o forma lingüística que aporta indicios de la estructura del texto y la relación lógica entre sus partes.
Narrar	Informar sobre hechos y acciones.
Paráfrasis	Amplificación explicativa de un enunciado.
Proxemia	Disciplina que estudia el comportamiento no verbal relacionado con el espacio personal, especialmente en dos aspectos: la proximidad física en la interacción y el contacto personal.
Redundancia	Repetitividad del habla, presentación repetida o múltiple, explícita o implícita, del mismo contenido o significado.
Registro lingüístico	Variedad funcional de la lengua con relación al nivel de formalidad, la intención, el tema o la audiencia.
Respiración costo-diafragmática	Respiración realizada principalmente por contracción de los músculos abdominales y del diafragma. Permite un buen ritmo respiratorio y un aprovechamiento óptimo del aire que entra en los pulmones.
Retórica	Arte de la elocuencia, de la expresión oral y escrita.
Silogismo	Argumento que consta de tres proposiciones, la última de las cuales se deduce del conjunto de las otras dos.
Situación comunicativa	Contexto de un acto de comunicación y conjunto de elementos que intervienen (emisor, receptor, canal, mensaje, código...).
Tesis	Proposición susceptible de fundamentarse en razonamientos.
Variedad estándar	Variedad común de una lengua, legitimada e institucionalizada históricamente como vehículo de comunicación supradialectal, que se divulga mediante la enseñanza y los medios de comunicación social.

BIBLIOGRAFÍA

CAMACHO, S., SÁENZ, O. (2000): *Técnicas de comunicación eficaz para profesores y formadores*. Alcoy. Marfil.

CAMERINO, O., CASTAÑER, M., BUSCÀ, F. (1999): «Mejora de la comunicación verbal y no verbal en las aulas universitarias» en *Revista Electrónica de Formación de Profesorado*, vol. 2, núm 1. Disponible en: <http://www3.uva.es/aufop/publica/revelfop/v2n1bl1.htm#Camerino> [Visitada 06-05-05.]

CONQUET, A. (1989): *Cómo aprender a hablar en público*. Barcelona. Hogar del libro.

COUTO, M. (1996): *Cómo hablar bien en público*. Barcelona. Gestión 2000.

CROS, A. (2003): *Convencer en clase. Argumentación y discurso docente*. Barcelona. Ariel.

DAVIS, F. (1976): *La comunicación no verbal*, Madrid. Alianza.

— (1996): *El lenguaje de los gestos*. Buenos Aires. Emecé Editores.

DE MENA GONZÁLEZ, A. (1994): *Educación de la voz. Principios fundamentales de ortofonía*. Archidona. Ediciones Aljibe.

DEL POZO DELGADO, P. (1998): *Formación de formadores*. Madrid. Pirámide.

FARHI, D. (1998): *El gran libro de la respiración*. Barcelona. Robin Book.

FLÓREZ OCHOA, R. (2004), «Modelos pedagógicos y planificación: un poco de historia», en <http://www.educarchile.cl/ntg/docente/1556/article-78295.html> [Visitada 06-05-05.]

GABOR, D. (1995): *El arte de la conversación*. Barcelona. Plaza y Janés.

GALLEGO, F. (1997): *Comunicació oral*. Ajuntament de Barcelona. Aula Oberta.
Accesible en la web Diba:
<http://www.diba.es/fl/comunor.asp?Cont=171> [Visitada 06-05-05.]

GARDNER, H. (1995): *Inteligencias múltiples*. Barcelona. Paidós.

GLASS, L. (2003): *Sé lo que estás pensando*. Barcelona. Paidós.

— (1994): *Cómo expresarse correctamente*. Barcelona. Paidós.

GOLEMAN, D. (1996): *Inteligencia emocional*. Barcelona. Kairós.

GÜELL, H., SANZ, G. (2000): *Com millorar l'atenció al client*. Barcelona. Gestió 2000.

KIRKPATRICK, D.L. (2001): *Claves para una comunicación eficaz*. Gestión 2000. Barcelona.

KNAPP, M.L. (1992): *La comunicación no verbal*. Barcelona. Paidós.

LÁZARO CARRETER, F. (1997): *El dardo en la palabra*. Barcelona. Círculo de lectores.

— (2003): *El nuevo dardo en la palabra*. Madrid. Aguilar.

LUGARINI, E. (1995): «Hablar y escuchar. Por una didáctica del "saber hablar" y del "saber escuchar"». *Signos*, núm. 14. Enero-marzo, 1995.
Se puede consultar este artículo buscando el número 14 de la revista *Signos* en la hemeroteca de
<www.quadernsdigitals.net> [Visitada 06-05-05.]

MORRIS, D. (1985): *Peoplewatching*. Londres. Jonathan Cape Ed.

— (1995): *Bodytalk: The Meaning of Human Gestures*. Nueva York. Crown Publishers.

RAMON-CORTÉS, F. (2007): *La isla de los cinco faros*. Barcelona. RBA.

RUBIO, J., PUIGPELAT, F. (1999): *Com parlar bé en públic*. Barcelona. Pòrtic.

STUDER, J. (1999): *Guía práctica de oratoria*. Madrid. El Drac.

VILÀ, M. (coord.) (2005): *Didáctica del discurso oral formal*. Barcelona. Graó.

WESTON, A. (1999): *Las claves de la argumentación*. Barcelona. Ariel.

Direcciones electrónicas recomendadas

<http://usuarios.lycos.es/aprendetecno/miscelanea/hablar.htm>
[Visitada 06-05-05.]
<http://usuarios.lycos.es/aprendetecno/miscelanea/decalogo.htm>
[Visitada 06-05-05.]

<http://www.ucm.es/info/especulo/ele/com_nove.html>
[Visitada 06-05-05.]

<http://www.clasesdelocucion.com.ar/index.htm>
[Visitada 06-05-05.]

<http://www.aulafacil.com/Hablarpublico/Cursohp.htm>
[Visitada 06-05-05.]